Die

Luiza Szczerbacki Castello Branco

Die Ziele des Nationalen Rates der Justiz

ScienciaScripts

Imprint

Any brand names and product names mentioned in this book are subject to trademark, brand or patent protection and are trademarks or registered trademarks of their respective holders. The use of brand names, product names, common names, trade names, product descriptions etc. even without a particular marking in this work is in no way to be construed to mean that such names may be regarded as unrestricted in respect of trademark and brand protection legislation and could thus be used by anyone.

Cover image: www.ingimage.com

This book is a translation from the original published under ISBN 978-613-9-70815-4.

Publisher:
Sciencia Scripts
is a trademark of
Dodo Books Indian Ocean Ltd. and OmniScriptum S.R.L publishing group

120 High Road, East Finchley, London, N2 9ED, United Kingdom
Str. Armeneasca 28/1, office 1, Chisinau MD-2012, Republic of Moldova, Europe

ISBN: 978-620-7-26028-7

ZUSAMMENFASSUNG

Die brasilianische Justiz hat aufgrund ihrer Langsamkeit eine Glaubwürdigkeitskrise in der Gesellschaft durchlaufen. Mit der Verfassungsänderung 45 aus dem Jahr 2004 wurde der Nationale Justizrat geschaffen, der für die Kontrolle der administrativen und finanziellen Tätigkeiten dieses Staatsapparats zuständig ist. Seitdem gibt es in der Justizverwaltung Bemühungen, die Gerichte des Landes unter der Leitung dieses Rates zu professionalisieren und zu modernisieren. Im Jahr 2009 führte dieses Gremium eine nationale Strategieplanung ein, in der verbindliche Ziele für alle Gerichte des Landes festgelegt wurden. In dieser Studie wurde untersucht, wie Richter und Beamte die Erfüllung der vom Nationalen Justizrat des Bundesstaates Rio de Janeiro auferlegten Ziele beurteilen und wie dieser Prozess die Stärkung der strategischen Planung in diesem Gericht beeinflusst. Die Arbeit ist qualitativ und deskriptiv und die Daten wurden durch Literatur- und Feldforschung erhoben. Es wurden Interviews mit Richtern, Richtern, Richtersekretären, Verwaltungsdirektoren und Sachbearbeitern geführt, die alle am TJERJ arbeiten. Die Ergebnisse der Untersuchung zeigen, dass die strategische Planung zwar nicht allgemein bekannt ist und die Ziele auch nicht vollständig verstanden werden, dass aber die Tatsache, dass sie erreicht werden, positiv für die Planung des Gerichts ist. Die Praxis der strategischen Planung des CNJ, die in der Vorgabe von Zielen zum Ausdruck kommt, und das Planungsumfeld innerhalb des TJERJ stehen jedoch nicht im Einklang mit den in der modernen Literatur vertretenen Ideen und Konzepten.

Schlüsselwörter: Nationaler Justizrat; Ziele; Strategische Planung; Justizwesen, Gerichtshof des Bundesstaates Rio de Janeiro.

KAPITEL 1 EINLEITUNG

Die brasilianische Justiz befindet sich in einer Glaubwürdigkeitskrise und wird von der Gesellschaft als Synonym für Langsamkeit und Untätigkeit angesehen. Die Nachfrage nach Konfliktlösungen hat von Jahr zu Jahr zugenommen, ohne dass die Justiz ihre Strukturen und Verfahren angepasst hat, um mit dieser Entwicklung Schritt zu halten, was zu einer Überlastung der Gerichte geführt hat. Die Langsamkeit der Urteile, die mit der Entwicklung der gesellschaftlichen Nachfrage nach Gerechtigkeit nicht Schritt gehalten hat, hat dazu geführt, dass die Justiz bei der Bevölkerung in Misskredit geraten ist (SADEK, 2004a, 2004b; GRANGEIA, 2007; BORDASCH, 2009; DEOLINDO, 2010).

Um dieses Problem zu lösen, wurde im Jahr 2004 die Verfassungsänderung 45, die so genannte "Justizreform" (CUNHA, 2010), verabschiedet, mit der ein Gremium geschaffen wurde, das für die Kontrolle der administrativen und finanziellen Tätigkeiten der Justiz zuständig ist: der Nationale Justizrat (CNJ). Seitdem werden unter der Leitung dieses Rates Anstrengungen unternommen, um alle Gerichte des Landes zu professionalisieren und zu modernisieren (JOBIM, 2005; MENDES, 2010).

Es sei darauf hingewiesen, dass die Initiativen, die darauf abzielen, eine größere Effizienz und Produktivität bei der Erbringung von Justizdienstleistungen zu erreichen, eine Folge einer breiteren Bewegung von Reformen im öffentlichen Management sind, die sich ab den 1980er Jahren weltweit intensivierte und als *New Public Management - NPM* bezeichnet wurde (CAMPOS, 1990; OSBORNE & GAEBLER, 1996; SHICK, 1996; DROR, 1999; POLLIT & BOUCKAERT, 2004; ABRUCIO, 2005; CAVALCANTI, 2005; ABRUCIO & SANO, 2008; PECI, PIERANTE & RODRIGUES, 2008; COSTIN, 2010; CUNHA, 2010).

Eine zügige, effiziente und wirksame Rechtsprechung ist das Hauptziel der Investitionen in die Justizreform, die äußerst komplex ist, da sie Veränderungen in den Bereichen Recht, Verwaltung und Gesetzgebung umfasst (FLEURY, 2005; CUNHA, 2010). Zu den Phänomenen, die bei den derzeitigen Bemühungen um eine Umgestaltung der Justizverwaltung zu beobachten sind, gehört daher die Verbreitung der strategischen Planung. Die strategische Planung wird als Prozess der Entwicklung eines Aktionsplans zur Erreichung bestimmter Ziele verstanden (TAYLOR, 1975; MINTZBERG, 1994b; MINTZBERG, AHLSTRAND & LAMPEL, 2000; MOTTA, 2012). Die strategische

Planung des Justizwesens auf nationaler Ebene, die 2009 durch den CNJ-Beschluss 70 veröffentlicht wurde, legt verbindliche Ziele für alle Gerichte des Landes fest, und eines ihrer Ziele ist die operative Effizienz bei der Erbringung von Dienstleistungen für die Gesellschaft (ZOUAIN, 2010).

Zu den administrativen Leitlinien für die Planung gehören daher die Festlegung von Zielen und die Mitteilung der angestrebten Ergebnisse an die einzelnen Mitglieder der Organisation. Die Festlegung von Zielen, wie sie von der Justiz übernommen wurde, ist daher geeignet, um die gesetzten Ziele zu erreichen und die erzielten Ergebnisse zu verbreiten (MARCOVITCH & VASCONCELOS, 1977; MARCOVITCH & RADOSEVICH, 1978).

Daher ist die Analyse der Wahrnehmungen von Richtern und Beamten in Bezug auf die Erfüllung der jährlich vom CNJ auferlegten nationalen Ziele von entscheidender Bedeutung, um zu untersuchen, wie diese Praxis die strategischen Pläne der nationalen Gerichte beeinflusst und stärkt. Andererseits gibt es im akademischen Bereich weniger Forschungsarbeiten über die strategische Planung im öffentlichen Sektor und insbesondere im Justizbereich als im privaten Sektor. Dies erschwert die Verbesserung und Anwendung dieser Methodik in der Verwaltung.

Es lohnt sich daher, die Frage zu stellen, die die Bemühungen in dieser Untersuchung leiten wird: Wie sehen Richter und Beamte die Erfüllung der nationalen Ziele, die der Nationale Justizrat dem Gerichtshof des Bundesstaates Rio de Janeiro auferlegt hat, und wie beeinflusst dies die Stärkung der strategischen Planung des Gerichtshofs?

KAPITEL 2 THEORETISCHER RAHMEN

In diesem Kapitel wird der theoretische Rahmen vorgestellt, auf den sich diese Studie stützt, um die oben gestellte Forschungsfrage zu beantworten. Es wird die Krise im Justizwesen mit ihren wichtigsten Herausforderungen darstellen; dann die komplexe Reform auf nationaler Ebene, die darauf abzielt, die chaotische Situation, in der sich die Justiz befand, umzukehren; und schließlich das strategische Management, das inzwischen befürwortet wird, mit Schwerpunkt auf der strategischen Planung. Zu diesem Zweck werden Begriffe wie Strategie, strategische Planung und *New Public Management* behandelt und einige Gesichtspunkte aus der Literatur zu diesen Themen vorgestellt.

2.1 Krise im Justizwesen

Die Justiz ist Gegenstand ständiger und intensiver Kritik sowohl seitens der Gesellschaft als auch der Juristen. Die Korrosion des Justizsystems, der Rückgang der Glaubwürdigkeit und die Unzufriedenheit der Bevölkerung sind nur einige Aspekte der schwierigen Situation, die die Krise des nationalen Justizwesens deutlich macht (SADEK, 2004a, 2004b). Die Debatte über diese Krise nimmt einen immer größeren Platz auf der Tagesordnung der Justizorgane, ihrer Akteure, der Medien und der Gesellschaft ein, die von der Justiz ein transparentes und ergebnisorientiertes Handeln fordert (GRANGEIA, 2007).

Es gibt viele Beschwerden über das Justizsystem, wie z.B. der schwierige Zugang, die zu technische Sprache, die Laien daran hindert, es zu verstehen, die hohen Kosten des Verfahrens, die Feierlichkeit, mit der es seine Praktiken organisiert, die fehlende Isonomie und der Elitismus bei der Anwendung der Gesetze, die Überlastung der Fälle, neben vielen anderen Faktoren, die dazu geführt haben, dass das Justizsystem des Landes als "chaotisches System" bezeichnet wird (SUANNES, 2007).

Trotz der zahllosen Probleme mit der brasilianischen Justiz scheint es einen Konsens darüber zu geben, dass das Hauptproblem der brasilianischen Justizverwaltung die lange Bearbeitungszeit von Fällen ist (SADEK, 2004a; GRANGEIA, 2007; BORDASCH, 2009; DEOLINDO, 2010). Als Ursache für die mangelnde Flexibilität werden u. a. der Mangel an materiellen Ressourcen, die fehlende Informatisierung, Infrastrukturmängel, anachronistische Verfahrensvorschriften, ein geringer Haushalt und eine geringe Zahl von Richtern genannt (PAULA, 2006). In Bezug auf das letztgenannte Element zeigen jedoch statistische Untersuchungen, dass kein signifikanter Zusammenhang zwischen der Zahl der Richter einerseits und der Effizienz und dem Vertrauen der Bevölkerung in das Justizsystem andererseits besteht (z.B. BUSCAGLIA *et al.*, 1995 *apud* SADEK, 2004a). Daher kann man auch von einer Verwaltungskrise in der Justiz sprechen, die bei der Suche nach Lösungen zur Bekämpfung der Langsamkeit der Justiz in den Hintergrund gedrängt wurde (GRANGEIA, 2007).

Die Ursachen für die Langsamkeit der Justiz lassen sich wie folgt zusammenfassen: Überlastung des Justizsystems - die gesellschaftliche Entwicklung wurde nicht von der Justiz begleitet, die bei der Ausübung ihrer traditionellen Funktionen eine archaische Struktur beibehalten hat (PAULA, 2006), die anachronistisch und widerspenstig gegenüber jeder Änderung ist (SADEK, 2004b) - in Verbindung mit der Knappheit der personellen und materiellen Ressourcen in Verbindung mit einem schlechten Management, was die Bearbeitung der Anträge verlangsamt.

Wenn jedoch einerseits der Anstieg der Zahl der Klagen die Justiz verlangsamt, so zeigt sich andererseits ein Justizsystem, das die politische und soziale Bedeutung der brasilianischen Justiz und die mit der Verkündung der Bundesverfassung von 1988 eingeführten Neuerungen in ihrer Struktur deutlich widerspiegelt. Die Verfassung begann, Rechte zu garantieren, die zuvor durch den Autoritarismus unterdrückt worden waren, schuf Sondergerichte mit dem Ziel, den Zugang zur Justiz zu verbessern, schuf den Nationalen Justizrat als das für die Verwaltung der Justiz zuständige Organ, führte kollektive Klagen wie kollektive Unterlassungsklagen (CF, Art. 5, LXX) und öffentliche Zivilklagen (CF, Art. 129, III) ein, um u.a. diffuse und kollektive Interessen zu verteidigen, was zu einem nie dagewesenen Übermaß an Forderungen in der Justiz führte (JOBIM, 2005). Die Charta von 1988, die der Justiz Verwaltungs- und Finanzautonomie einräumte (Art. 96 bzw. 99 GR), ermöglichte zwar die Planung der Organisation des Justizwesens (PAULA, 2006), war aber nicht auf die Lawine von Forderungen vorbereitet, die sich aus der Idee des uneingeschränkten Zugangs zur Gerichtsbarkeit ergab (GRANGEIA, 2007). Wie können also die Demokratisierung der Justiz und die Ausübung der Bürgerrechte mit der Struktur der Justiz in Einklang gebracht werden?

Einige argumentieren, dass die gesetzlichen Neuerungen im Zusammenhang mit der Nutzung elektronischer Mittel für die Rechtsprechung, die durch die Gesetze

11.280/06 und 11.419/06 genehmigt wurden, der Justiz bei der mühsamen Aufgabe geholfen haben, die Bearbeitungszeit von Prozessen zu verkürzen. Beispiele hierfür sind Vorladungen und Vorladungen auf elektronischem Wege, die digitale Beglaubigung, die elektronische Anforderung von Belehrungsunterlagen und die Vollstreckung von Urteilen durch den Austausch von Datenbanken, neben anderen Neuerungen, die für einige die geeignete Lösung für die Verzögerungen in der Justiz darstellen (TEJADA, 2007). Auch im Bereich der Gesetzgebung gibt es Stimmen, die sich für eine Reform der Verfahrensgesetze aus dem letzten Jahrhundert aussprechen, da sie als Ursache für die Langsamkeit der Justiz angesehen werden. Das Übermaß an Feierlichkeiten und Gesetzen aus vergangenen Zeiten würde daher nicht mit den Bedürfnissen des heutigen Rechtssystems übereinstimmen (MACHADO, 2005).

Es gibt auch Stimmen, die den breiten und ungehinderten Zugang der Bevölkerung zum Recht kritisieren, weil die Bagatellisierung von Forderungen das Justizsystem überfordert. Die Justiz sollte nicht als erste Alternative zur Lösung zwischenmenschlicher Konflikte gesehen werden, sondern als letztes Mittel, und deshalb darf der Zugang zur Justiz nicht zu leicht gemacht werden (TESHEINER, 2001). So würde die Einführung einer Kultur der Schlichtung und Mediation sowohl auf Seiten der Parteien als auch auf Seiten der juristischen Akteure eine Entlastung des Systems bedeuten (KERN, 2011).

Schließlich sehen die meisten Autoren (SADEK, 2004a, 2004b; BELCHIOR, 1999; GRANGEIA, 2007; DEOLINDO, 2010) eine der wichtigsten und anspruchsvollsten Maßnahmen zur Bewältigung der Langsamkeit des nationalen Justizsystems in der Einführung von Managementmodellen zur Verbesserung der administrativen Verwaltung der Justizstruktur, um mehr und besser mit den verfügbaren Ressourcen zu arbeiten.

2.2 Justizielle Reform

So wie in den 1990er Jahren der Staat in Brasilien reformiert wurde, führte die Krise im Justizwesen zu einem Konsens über die Notwendigkeit einer Reform des brasilianischen Justizsystems (TESHEINER, 2001; SADEK, 2004a, 2004b), der in der Verabschiedung der Verfassungsänderung 45 am 8. Dezember 2004 gipfelte, die als "Reform des Justizwesens" bekannt ist (CUNHA, 2010). Diese Maßnahme garantierte der Gesellschaft im Bereich der Justiz und der Verwaltung die angemessene Dauer der Verfahren (Art. 5, LXXXVIII) und die Effizienz der öffentlichen Verwaltung (Art. 37, *caput,* eingeführt durch die Verfassungsänderung Nr. 19 vom 5. Juni 1998) und zielte auf eine Professionalisierung der Justizverwaltung ab (KERN, 2011).

Im Hinblick auf den verfassungsrechtlichen Grundsatz der Effizienz sind einige Überlegungen hervorzuheben. In rechtlicher Hinsicht legt dieser Grundsatz fest, dass die öffentliche Verwaltung verpflichtet ist, die ihr zur Verfügung stehenden personellen und materiellen Ressourcen zu optimieren, um sie angesichts des Mangels an finanziellen Mitteln in gerechter Weise zur Erfüllung der verschiedenen Ziele des öffentlichen Interesses einzusetzen (MADEIRA, 2008). Im Bereich der Managementlehre wiederum wird der Begriff Effizienz von der *ISO* 9000:2000[1] als das Verhältnis zwischen dem erzielten Ergebnis und den eingesetzten Ressourcen definiert, das ein Maß für das Kosten-Nutzen-Verhältnis bei der Durchführung von Prozessen, der Vermeidung von Nacharbeit, Verschwendung und der Durchführung von Aufgaben, die keinen Mehrwert schaffen, darstellt. Auch nach *ISO 9000:2000* ist Effektivität - nicht zu verwechseln mit Effizienz - das Ausmaß, in dem die geplanten Aktivitäten durchgeführt und die geplanten Ergebnisse erreicht werden (MARANHÃO & MACIEIRA, 2004). Kurz gesagt, für das Management geht es bei der Effizienz um die Mittel zu den geringsten Kosten, während es bei der Effektivität nur um das Ergebnis geht.

Die moderne Justizverwaltung muss sich daher unter anderem am Gebot der Effizienz der öffentlichen Verwaltung und dem Grundrecht auf eine angemessene Verfahrensdauer orientieren. Zu diesem Zweck muss die strategische Planung als unverzichtbares Mittel zur Erfüllung der Aufgabe der Justiz analysiert werden, die darin besteht, durch die Lösung von Konflikten in angemessener Zeit eine wirksame Justiz zu schaffen (KOURY, 2010; KERN, 2011).

Eine weitere wichtige Neuerung der Verordnung 45/04 war die Schaffung des Nationalen Justizrats (Art. 103-B), der für die Kontrolle der Verwaltungs- und Finanztätigkeiten des Justizwesens, die Umsetzung eines neuen Verwaltungsmodells und die Einführung einer strategischen Planung auf nationaler Ebene zuständig ist (KOURY, 2010). Der CNJ ist nun das zentrale strategische Organ des Justizwesens. Seine Tätigkeit

---

[1] Nach *ISO* 9001:2008, S.1: "Für die Zwecke dieses Dokuments gelten die Begriffe und Definitionen der ABNT NBR *ISO* 9000."

führt zu Veränderungen in der Ausrichtung des Justizwesens, insbesondere bei der Festlegung nationaler Ziele (KERN, 2011), der Kontrolle von Verwaltungsakten (einschließlich Disziplinarmaßnahmen), der Überwachung der Erfüllung der funktionalen Pflichten der Richter (Untersuchung und Sanktionierung von Missbräuchen), der Gewährleistung des Zugangs zur Justiz für alle, der Überwachung der administrativen und finanziellen Leistung aller nationalen Justizbehörden sowie anderer Zuständigkeiten (GR, § 4, Art. 103-B).

Zusammenfassend lässt sich sagen, dass mit der Verordnung (EG) Nr. 45/04 erkannt wurde, dass die Justiz mit einer effizienten Verwaltung umstrukturiert werden muss, da sie andernfalls nicht in der Lage wäre, Recht zu sprechen, was ihre Hauptaufgabe ist. Infolgedessen hat der Nationale Justizrat seine strategische Karte veröffentlicht, die seinen Auftrag (dazu beizutragen, dass die Justiz mit Moral, Effizienz und Effektivität zum Wohle der Gesellschaft arbeitet), seine Zukunftsvision (ein wirksames Instrument für die Entwicklung der Justiz zu sein) und die Attribute, die für die Gesellschaft von Wert sind (Agilität, Ethik, Unparteilichkeit, Redlichkeit und Transparenz), seine Ziele und die zu ihrer Verwirklichung erforderlichen Ressourcen enthält[2].

Schließlich ist anzumerken, dass die Reform weit über die Verwaltung des Justizwesens hinausging (CUNHA, 2010), denn sie umfasste auch Verbesserungen in der Verwaltung und im Management der Gerichte, eine Neudefinition und/oder Erweiterung der juristischen Ausbildung durch Programme zur Vorbereitung von Studenten, Anwälten und Richtern, die Gewährleistung eines leichteren Zugangs zur Justiz für die Öffentlichkeit, die Förderung des Bewusstseins der Öffentlichkeit für ihre Rechte und Pflichten, die Verfügbarkeit alternativer Streitbeilegungsmechanismen wie Schiedsverfahren, Mediation und Schlichtung, die Unabhängigkeit der Justiz mit Haushaltsautonomie, Transparenz bei der Ernennung von Beamten, die Annahme von Verfahrensreformen usw. (BUSCAGLIA, 1998).

2.3 Strategie

Der Begriff "Strategie" erfordert eine Reihe von Definitionen, um seine Breite

---

Verfügbar unter: www.cnj.gov.br. Zugriff am: 28 Sep.2012.

klar wiederzugeben (MINTZBERG, 1987), da seine Ursprünge auf etwa 500 v. Chr. zurückgehen und er sich seither weiterentwickelt hat und Veränderungen und Anpassungen unterworfen war (MOTTA, 2012).

Das Wort Strategie stammt aus dem Griechischen und bezeichnete die Verwaltungsfunktion des Generalats. Der Stratege war der militärische Befehlshaber, der die zur Erreichung eines bestimmten Ziels erforderlichen Manöver formulierte und plante. Ohne den Begriff Strategie zu verwenden, hat Sun Tsu in seinen Schriften über die Kriegskunst, die auf das Jahr 500 v. Chr. zurückgehen, viele seiner Ideen dargelegt. Machiavelli seinerseits beschäftigte sich mit Strategie in ihren verschiedenen zeitgenössischen Bedeutungen, um Ereignisse vorherzusagen und Handlungsregeln für die politische Herrschaft aufzustellen (MOTTA, 2012).

Die heutige Bedeutung des Begriffs "Grand Tactics" stammt von Karl von Clausewitz aus dem 19. Jahrhundert, der die Idee der Breite und Interdependenz des Krieges mit sozialen, politischen und wirtschaftlichen Dimensionen entwickelte (MOTTA, 2012).

Im Laufe der Zeit hat die moderne Managementwissenschaft das Konzept der Strategie von einer militärischen Perspektive auf eine moderne betriebswirtschaftliche Perspektive übertragen und diesem Ausdruck einen wissenschaftlicheren Aspekt verliehen, obwohl einige Grundsätze und Prämissen, die ursprünglich für die militärische Kunst konzipiert wurden, beibehalten wurden (DARÓS, 2009).

So wurde das Konzept der Strategie in den 1950er Jahren in der Unternehmensführung eingeführt, um den Unternehmen eine neue Zukunftsperspektive zu geben, indem sie wissen, wo und wie sie ihre Tätigkeit ausweiten und ihre Leistung verbessern können (MOTTA, 2012). In den 1960er Jahren wurde dieses Konzept in der Geschäftswelt populär, diesmal in Verbindung mit der Planung, so dass die Unternehmensplaner seit Ende der 1960er Jahre den Umfang ihrer Pläne ausweiteten. In den 1970er Jahren hatte sich die Einführung und Nutzung der strategischen Planung in Unternehmen deutlich beschleunigt (BAZZAZ & GRINYER, 1981).

Wie Quinn (2006) hervorhebt, ist das Konzept der Strategie weit gefasst und dynamisch, d. h. es ändert sich je nach Situation, Kontext und Kultur, in der sich Organisationen oder Menschen befinden. Trotz dieser konzeptionellen Vielfalt hebt

Mintzberg (1987) insbesondere fünf hervor: Strategie als Trick, um einen Gegner oder Konkurrenten zu überlisten; als Plan, der Ihre Ziele, Politiken und Handlungen integriert (MINTZBERG & QUINN, 2001); ein Handlungsmuster, eine Produkt-Markt-Position oder eine spezifische Perspektive (SIMONS, 1994); ein Handlungsablauf (CERTO & PETER, 1993); ein Entscheidungsmuster (ANDREWS, 2001); alles im Hinblick darauf, dass die Organisation ihre Ziele erreicht.

Das Konzept von Porter (1986) legt nahe, dass Strategie eine Kombination aus Zwecken, d. h. den Zielen, die die Organisation anstrebt, und Mitteln, d. h. den Maßnahmen, mit denen das Unternehmen versucht, diese Ziele zu erreichen, ist. In diesem Sinne argumentiert Paulo Motta (2012), dass die zeitgenössische Strategie Wert auf Effizienz und den Einfluss der Organisation auf die Nutzung der verfügbaren Ressourcen und die Befriedigung der Anforderungen und Bedürfnisse der Gemeinschaft legt.

Es ist zu betonen, dass Strategie sowohl inhaltliche (z. B. das Konzept der Strategie) als auch prozessuale Aspekte (Entscheidungs- und Umsetzungsprozesse) umfasst, die verschiedene Denkprozesse einschließen (CHAFFEE, 1985).

Schließlich verweisen Mintzberg und Lampel (2002) auf den präskriptiven Charakter der Strategie, bei dem es mehr darum geht, wie sie formuliert werden sollte, als darum, wie sie formuliert wird. Auf diese Weise ist "die Strategie keine Folge der Planung, sondern das Gegenteil: sie ist der Ausgangspunkt" (MINTZBERG, 1994a, S.333). Die Formalisierung dieser Perspektive ist die strategische Planung, die die Strategieformulierung als einen separaten und systematischen formalen Planungsprozess betrachtet (BRAGA, 2003).

2.4 Strategische Planung

Die Planung ist seit jeher eine der Grundfunktionen des Managements. So sehr, dass einer der vier Grundsätze des wissenschaftlichen Managements von Taylor die Planung war (die anderen waren: Auswahl oder Vorbereitung, Kontrolle und Ausführung). Zur gleichen Zeit führte der Franzose Henry Fayol die Prognose als erste Funktion des Managements ein, d. h. die Visualisierung der Zukunft durch die Entwicklung eines Aktionsplans zur Erreichung der gesetzten Ziele (FLEURY, 2005).

Die Privatwirtschaft, die mit den raschen Veränderungen durch die Modernisierung der Gesellschaft und den immer schärferen Wettbewerb auf den Märkten Schritt halten musste, übertrug ab Mitte der 60er Jahre die Grundkonzepte der strategischen Planungsmethodik auf ihre Organisationen, indem sie die Vorschläge von Professor Igor Ansoff nutzte (TAYLOR, 1975; MINTZBERG, 1994b).

Die strategische Planung[3] ist daher ein kontinuierlicher Lernprozess, der systematisch und mit möglichst viel Wissen über die Zukunft erfolgt. Durch dieses organisierte und systematische Feedback wird es möglich, die Ergebnisse risikoreicher Entscheidungen an den geweckten Erwartungen zu messen (DRUCKER, 1984). Durch die Planung erfahren wir etwas über die externen Anforderungen und Bedürfnisse und über die Fähigkeit des Unternehmens, darauf zu reagieren. Selbst wenn die Pläne nicht umgesetzt werden, lassen sie die Erwartungen und Wertvorstellungen erkennen, die für eine Arbeitsgruppe wesentlich sind (MOTTA, 2012). Zu den Veränderungen im menschlichen Verhalten, die die Planungspraktiken verbessern, gehören also auch Veränderungen in den Einstellungen und der Erwerb neuer Kenntnisse und Fähigkeiten (MARCOVITCH & RADOSEVICH, 1978).

Der Planungsprozess, einschließlich der Formulierung, Durchführung und Kontrolle, ist aufgrund der häufigen und raschen Veränderungen in der Umgebung einer Einrichtung von entscheidender Bedeutung für ihren langfristigen Erfolg. Bei diesem Prozess geht es darum, "ein Ziel oder eine Reihe von Absichten in Schritte zu unterteilen, diese Schritte so zu summieren, dass sie fast automatisch umgesetzt werden können, und die erwarteten Folgen oder Ergebnisse jedes Schritts zu formulieren" (MINTZBERG, 1994b, S.106). Darüber hinaus führt die Planung zur Definition von Zielsetzungen, zur Festlegung von Zielen, zur Diskussion von Erwartungen und Informationen, zur Kommunikation der angestrebten Ergebnisse zwischen Einzelpersonen, Arbeitseinheiten, Projekten, Abteilungen und sogar zwischen Organisationen, zur Analyse bevorstehender Trends - zur Vorwegnahme von Problemen und zur Suche nach geeigneten Lösungen für diese -, um ein besseres Verständnis der zukünftigen Auswirkungen der in der Gegenwart getroffenen Maßnahmen zu ermöglichen (MARCOVITCH & VASCONCELOS, 1977; MARCOVITCH & RADOSEVICH, 1978).

---

[3] Für Mintzberg wird der Prozess der Synthese, des informellen Lernens, der neue Perspektiven und Kombinationen hervorbringt und Intuition und Kreativität beinhaltet, als strategisches Denken bezeichnet (MINTZBERG, 1994a).

Nach Ansoff selbst (1969) besteht die strategische Planung aus einer Reihe von Verwaltungsrichtlinien, die die Position der Organisation auf dem Markt, die Richtungen, in die sie sich zu entwickeln versucht, und die Wettbewerbsinstrumente, die sie einsetzen wird, festlegen. Kurz gesagt, die strategische Planung zielt darauf ab, die Organisation in ihrem Umfeld wettbewerbsfähig zu positionieren, indem sie die Richtung vorgibt, der sie folgen sollte (MARCOVITCH & VASCONCELOS, 1977).

Zu Beginn der 1970er Jahre wurde das Konzept des strategischen Managements eingeführt, um den Herausforderungen einer neuen Ära extrem schneller und weitreichender Veränderungen zu begegnen. Die Praxis der strategischen Planung, insbesondere ihre rationalen Vorschläge für eine vorausschauende Analyse, schien den Anforderungen der neuen Ära nicht mehr gerecht zu werden. Andererseits begann man, die Bedeutung der strategischen Planung[4] in ihrer kontinuierlichen, systematischen und unvorhergesehenen Perspektive zu betonen und sie eher als einen sich entwickelnden Prozess einer Reihe von Entscheidungen und Aktionen zu akzeptieren, als etwas, das dem Umsetzungsprozess vorausgeht. Um diesen Wandel zu charakterisieren, wurde das Konzept des strategischen Managements entwickelt (MOTTA, 2012).

Darüber hinaus ist das Ergebnis des Planungsprozesses ein strategischer Plan, der als Leitfaden dient, damit das Unternehmen effektiv arbeiten kann (MARCOVITCH & VASCONCELOS, 1977) und Ergebnisse erzielt, die mit dem Auftrag, der Vision und den Zielen der Organisation vereinbar sind. Das Management oder die strategische Verwaltung trägt aufgrund seiner breiteren Terminologie dazu bei, die weniger funktionale und bürokratische Vision und die mehr globalisierende und integrierte Vision wiederzuerlangen, die mit der strategischen Planung beabsichtigt war (MOTTA, 2012).

Es sollte betont werden, dass die meiste Literatur, die für die Planung relevant ist, präskriptiv ist, d.h. sie sagt Führungskräften, wie sie planen sollen. Es gibt viele allgemeine präskriptive Modelle des Planungsprozesses[5], von denen einige drei oder vier Stufen und andere ein Dutzend oder mehr aufweisen. Dazu gehören: Festlegung von Zielen; Analyse des externen Umfelds; Analyse des internen Umfelds; Auflistung,

---

[4] Henry Mintzberg kritisiert den Begriff der strategischen Planung mit dem Argument, dass er als strategische Programmierung verwendet wurde, d. h. um die Folgen bereits entwickelter Strategien zu formalisieren (MINTZBERG, 1994a).
[5] Es gibt Hunderte von verschiedenen strategischen Planungsmodellen. Die meisten von ihnen haben jedoch dieselben Grundgedanken, nämlich das SWOT-Modell, ein Akronym für *Stärken, Schwächen, Chancen* und *Gefahren* (BRAGA, 2003).

Bewertung und Auswahl von Alternativen; Umsetzung und Bewertung der Kontrolle. Die Trennung der Phasen soll die Erklärung der Methode erleichtern. In der Praxis sind die Phasen so stark miteinander verbunden (und überschneiden sich sogar), dass es schwierig ist, ihre Trennung zu erkennen (MARCOVITCH & VASCONCELOS, 1977; MARCOVITCH & RADOSEVICH, 1978).

Strategien müssen das Ergebnis eines kontrollierten und bewussten Prozesses der formalen Planung sein, der in verschiedene Phasen unterteilt ist, die jeweils durch *Checklisten* umrissen und durch spezifische Techniken unterstützt werden. Sie müssen dann aus diesem Prozess hervorgehen und explizit gemacht werden, damit sie durch die detaillierte Beachtung von Zielen und Vorgaben, Budgets, Programmen und operativen Plänen verschiedener Art umgesetzt werden können (MINTZBERG, AHLSTRAND & LAMPEL, 2000).

Die Verantwortung für den gesamten Prozess liegt im Prinzip bei der obersten Leitung und wird von den höheren Hierarchieebenen der Institution beraten (MARCOVITCH & VASCONCELOS, 1977; MINTZBERG, AHLSTRAND & LAMPEL, 2000). In der Praxis liegt die Verantwortung für die Ausführung jedoch bei den Planern oder Managern auf den unteren Hierarchieebenen (BAZZAZ & GRINYER, 1981). Die oberen Ebenen zeigen zwar ein ständiges Interesse an der strategischen Planung, sind aber nur selten an der Umsetzung der Pläne beteiligt (EASTLACK & McDONALD, 1970). Nach Bennett *et al.* (2001) betonen die Topmanager vieler großer Unternehmen, dass eine ihrer größten Sorgen die Unfähigkeit ist, geeignete Strategien umzusetzen. Darüber hinaus ist immer noch unklar, wie die Unternehmen mit der Frage der besten Kombination von Strategie und Umfeld umgehen sollen, da nicht klar ist, wer wen beeinflusst (MILLER & FRIESEN, 1983). Schließlich liegen die Vorteile der strategischen Planung auf der Hand, aber man sollte nicht Sklave der Pläne sein (MOTTA, 2012).

2.5 Strategische Planung im öffentlichen Sektor

Viele private Organisationen auf der ganzen Welt haben den Planungsprozess übernommen. Viele von ihnen haben positive Ergebnisse erzielt, weil sie gut formuliert, ausgeführt und kontrolliert wurden und daher für den langfristigen Erfolg der Organisation entscheidend sind (HEROLD, 1972; MARCOVITCH & RADOSEVICH,

1978; MARIN, 2012). Neben den methodischen Fortschritten bedeutet die strategische Planung das Erreichen einer weitreichenden und weitreichenden Vision bei der Festlegung der Ziele und Wege der Organisation. Sie ist im Wesentlichen ein Managementprozess, der die gesamte Organisation einbezieht, aber auf die höchsten Hierarchieebenen konzentriert ist und sich von der klassischen Tätigkeit unterscheidet, die an Planungsausschüsse oder -gruppen delegiert werden kann und auf die unteren Ebenen übertragen wird (DARÓS, 2009; MARIN, 2012).

Aufgrund der häufigen und raschen Veränderungen in der Umwelt sowie des radikalen Wandels der Gesellschaft und des Staates, der sich in den letzten Jahrzehnten beschleunigt vollzogen hat, ist auch die Modernisierung des öffentlichen Sektors notwendig geworden (DARÓS, 2009). Verschiedene Autoren (OSBORNE & GAEBLER, 1996; PETERS & PIERRE, 1998; MILWARD & PROVAN, 2000) haben betont, dass die Regierungen angesichts der Veränderungen, die sich vollzogen haben, während sie statisch blieben, Veränderungen vornehmen müssen.

So wurde ab den 1990er Jahren im Rahmen der Reformen der Organe des brasilianischen Staates unter dem Schwerpunkt der betriebswirtschaftlichen Verwaltung die Managementkapazität relevant (CAVALCANTI, 2005). Das Management in der öffentlichen Verwaltung wurde dann genauso wichtig wie in der Privatwirtschaft (MARIN, 2012), gekennzeichnet durch eine Entpolitisierung der Verwaltung, verbunden mit einer Betonung des Konzepts der staatlichen Effizienz (FLEURY, 2005).

Die Ideen des *New Public Management* (*NPM*) haben seit den 1980er Jahren die Reformen der öffentlichen Verwaltung in verschiedenen nationalen Regierungen beeinflusst und gefördert. Osborne und Gaebler (1996) sind der Ansicht, dass die im Industriezeitalter entwickelte Art der Verwaltung, die langsam war, mit zentralisierten Bürokratien, die sich mit Regeln und Vorschriften befassten, und mit hierarchischen Befehlskanälen, nicht mehr funktioniert. Sie schlagen daher vor, dass sich die Regierung das Dienstleistungsmodell des privaten Sektors aneignen könnte, z. B. die Flexibilität des Managements, die Konzentration auf die Qualität der Dienstleistungen und die vorrangige Berücksichtigung der Verbraucherwünsche. In der öffentlichen Verwaltung verweist die Einführung der strategischen Planung auf die New-Public-Management-Bewegung (SHICK, 1996), die als Referenz für die Entscheidungsfindung bei der Strukturierung und Verwaltung öffentlicher Dienstleistungen gilt (BARZELAY, 2001).

Das Verwaltungsmanagement basiert auf den Prämissen Effizienz, Agilität, Qualität und Flexibilität im Management sowie auf dem Bestreben, die Rechenschaftspflicht der öffentlichen Verwaltung zu erhöhen (CAMPOS, 1990; DROR, 1999; POLLIT & BOUCKAERT, 2004; ABRUCIO, 2005; CAVALCANTI, 2005; ABRUCIO & SANO, 2008; CUNHA, 2010), das öffentliche Management zu stärken und Ergebnisse zuzuordnen (COSTIN, 2010). Diese Konzepte und Praktiken würden das Modell der öffentlichen Verwaltung leiten und die Anpassung und den Transfer des in Unternehmen entwickelten Wissens auf den öffentlichen Sektor lenken (PECI, PIERANTE & RODRIGUES, 2008).

Kurz gesagt, der Gedanke einer größeren Effizienz herrschte in privaten Organisationen vor, die sich intensiv weiterentwickeln mussten, um in einem wettbewerbsorientierten Umfeld überleben zu können. In Anbetracht der Tatsache, dass es in allen Bereichen des Managements, ob privat oder öffentlich, ähnliche Herausforderungen gibt, könnten die Techniken und Konzepte, die den Unternehmen geholfen haben, agil und effizient zu werden, auch im öffentlichen Sektor angewendet werden (FREDERICKSON, 1989; OSBORNE & GAEBLER, 1996).

Das NPM wurde jedoch vielfach kritisiert, u.a. wegen seines Anspruchs, eine universelle Praxis zu sein, die unabhängig von den Besonderheiten der einzelnen Standorte auf verschiedene Realitäten anwendbar ist, wegen der Verdrängung von Werten wie Bürgerschaft, Gerechtigkeit und Gemeinwohl durch die Verlagerung der Aufmerksamkeit auf engere Konzepte wie Effizienz und Produktivität und wegen der Missachtung der wesentlichen Unterschiede zwischen öffentlicher und privater Verwaltung (DIEFENBACH, 2009).

Darüber hinaus blieben die Ergebnisse der Reformen in vielen Ländern hinter den Erwartungen zurück, vor allem in den Ländern ohne pragmatische Tradition und mit Einschränkungen durch den Legalismus. Infolgedessen entstanden in den 1990er Jahren verschiedene Formen des Regierens, sowohl aus dem traditionellen bürokratisch-weberianischen Modell als auch aus den neuen Formen des öffentlichen Managements, die vom NPM befürwortet wurden (zu den Unterschieden zwischen der Theorie des Regierens und dem NPM siehe z.B. PETERS & PIERRE, 1998).

Obwohl Planungstheorien und -konzepte einige allgemeine Leitlinien liefern, sind die Umstände jeder Organisation (sowohl im öffentlichen als auch im privaten

Sektor) so spezifisch, dass das Management diese Verallgemeinerungen bei der Anwendung der Planung anpassen muss. Die Annahme eines präskriptiven Prozesses, ohne ihn an die organisatorische Realität der einzelnen Institutionen anzupassen, kann eine Verschwendung von Zeit und Ressourcen sein (MARCOVITCH & RADOSEVICH, 1978). Staatliche Organisationen sind nicht nur Teil eines komplexen und konfliktreichen sozialen Systems (DARÓS, 2009), sondern haben auch die Aufgabe, Dienstleistungen zu erbringen oder in Auftrag zu geben, die in der Regel nicht gewinnorientiert und für die Bevölkerung oder den Staat obligatorisch sind (MARIN, 2012).

Darüber hinaus gibt es zwar eine allgemeine Ebene des Managements, aber einige Funktionen, die ähnlich zu sein scheinen, können im öffentlichen und privaten Bereich sehr unterschiedliche Bedeutungen haben (ALLISON, 2002). Die Aufgabe des privaten Sektors besteht darin, das Unternehmen auf der Suche nach Rentabilität auf dem Markt strategisch umzugestalten. Die Rolle der Regierung besteht darin, das öffentliche Interesse zu fördern und zu schützen (APPLEBY, 2002). In diesem Sektor wird der Markt durch politischen Einfluss, durch Gesetze begrenzte Macht, Verantwortung gegenüber den Steuerzahlern und ein eigenes Regelwerk ersetzt (MARIN, 2012). Allison (2002) listet eine Reihe von Unterschieden zwischen diesen beiden Bereichen auf und zitiert verschiedene Arbeiten wie die Rolle der Presse und der Medien (de DUNLOP, 1979), Umweltfaktoren (de RIANEY, BACKOFF, LEVINE, 1976), Karrieresysteme und Leistungsmessung (de NEUSTADT, 1979), um nur einige zu nennen.

Schließlich betrifft das öffentliche strategische Management im Wesentlichen die alltägliche Umsetzung des strategischen Plans (MARIN, 2012). Darüber hinaus ist es wichtig, strategisches und operatives Management als zwei kontinuierliche, aber separate Teile des Managementprozesses zu trennen. Daher ist die strategische Planung im öffentlichen Sektor die Integration des kontinuierlichen Prozesses der Formulierung, Umsetzung und Bewertung der Zukunft der Institution auf allen Ebenen der Organisation mit einem Zeithorizont, der mit der von der Organisation gesetzten Frist zur Erreichung der gewünschten Ergebnisse übereinstimmt.

KAPITEL 3 METHODIK

Als Forschungsmethode wurde eine Fallstudie gewählt. Dies liegt daran, dass wir versuchen, einen gegenwärtigen Umstand zu erklären und uns mit kontextuellen Bedingungen auseinanderzusetzen. Wir stellen auch die Auswahl der Befragten, die Sammlung und Analyse von Daten und Interviews vor.

3.1 Fallstudien

Der Zweck einer Fallstudie besteht darin, einen Rahmen für Diskussionen und Debatten zu schaffen. Es handelt sich um eine Forschungsstrategie, die darauf ausgerichtet ist, die Dynamik zu verstehen, die in einzigartigen Konfigurationen existiert, in der Regel mit einer Kombination von Datenerfassungsmethoden wie Interviews, Fragebögen und Beobachtungen (EISENHARDT, 1989). Nach Gerring (2004) ist eine Fallstudie eine intensive Untersuchung einer einzelnen Einheit mit dem Ziel der Verallgemeinerung auf eine größere Gruppe von Einheiten. In diesem Sinne fügt Tourinho (2011) hinzu, dass die Fallstudie Verallgemeinerungen auf andere Fälle ermöglicht und einen bedeutenden Beitrag zur Wissens- und Theoriebildung darstellt und für umfassendere Untersuchungen genutzt werden kann. Yin (2005) führt einige logische Gründe auf, die die Einzelfallstudie rechtfertigen.

Die Rechtfertigung für diese Arbeit ist die Tatsache, dass wir einen repräsentativen oder typischen Fall haben, in dem wir die Umstände oder Bedingungen erfassen wollen, sowie die Tatsache, dass wir beabsichtigen, eine Längsschnittstudie durchzuführen (YIN, 2005). Das TJERJ ist ein Pionier bei der Umsetzung der strategischen Planung und eines der wichtigsten Gerichte des Landes. Daher ist diese Dissertation durch eine Einzelfallstudie gekennzeichnet. Es ist daher zu hoffen, dass die Fallstudie über die strategische Planung des TJERJ Lehren ziehen kann, die Aufschluss über die Erfahrungen mit alltäglichen Situationen geben, die auch bei anderen Gerichten des Landes auftreten.

3.2 Verfahren der Datenerhebung

Informationen über die Ziele des CNJ wurden durch Dokumentationsrecherche in offiziellen Berichten, Artikeln, bibliografischen Recherchen, Websites zum Thema, einschlägigen Rechtsvorschriften, Diplomarbeiten und Dissertationen gesammelt. Um den Fall des TJERJ im Besonderen zu analysieren, wurden zusätzlich zu den dokumentarischen und normativen Recherchen zur Unterstützung der gesammelten Daten 7 (sieben) Tiefeninterviews durchgeführt, 5 (fünf) individuelle und 3 (drei) kollektive, alle halboffen, mit insgesamt 12 (zwölf) Interviewpartnern, darunter Richter, Richtersekretäre, Richter, Sachbearbeiter, Verwaltungsdirektoren und Bedienstete, die im TJERJ arbeiten. Einige dieser Interviews wurden mit ihrer Zustimmung aufgezeichnet und transkribiert. Die anderen wurden auf Wunsch der Befragten nicht aufgezeichnet, aber es wurden Notizen und Anmerkungen gemacht, zusätzlich zu den Wahrnehmungen des Forschers vor Ort.

Der Zweck der Interviews bestand darin, sensiblere und schwer fassbare Elemente darüber zu erfassen, wie die Ziele die strategische Planung dieses Gerichts unterstützen. Zur Unterstützung der Interviews wurde ein halbstrukturiertes Interview-Skript verwendet, das im Anhang dieses Dokuments zu finden ist. Die Interviews fanden im März und April 2013 statt, dauerten zwischen 13 und 47 Minuten und wurden am Sitz der untersuchten öffentlichen Einrichtung geführt. Die Interviews wurden nach vorheriger Vereinbarung per E-Mail und/oder Telefonanruf durchgeführt, je nach Zeitplan des Befragten. Es wurde ein Pilotinterview durchgeführt, um das Skript anzupassen und die Forscherin auf die folgenden Interviews vorzubereiten.

Bemerkenswert ist die Vielfalt der von den Befragten ausgeübten Positionen und Aufgaben sowie ihre Erfahrung, die im Durchschnitt mehr als 15 Jahre betrug. Es wurden zwei Richter, ein Richter, ein Verwaltungsdirektor, zwei Gerichtsschreiber, zwei Richtersekretäre und vier Gerichtsschreiber befragt. Auf diese Weise konnte eine umfassende und vollständige Analyse des gesamten Prozesses und Verfahrens zur Umsetzung der nationalen Ziele und ihrer Anwendung in der strategischen Planung des Gerichts durchgeführt werden.

3.3 Praktische und theoretische Beiträge

Als praktischer Beitrag dieser Untersuchung kann hervorgehoben werden, dass die Analyse der Einhaltung der Ziele, die im Hinblick auf die Steigerung der Produktivität der Justiz und die Erfüllung der Erwartungen der Bevölkerung verfolgt werden, von entscheidender Bedeutung für die Verbesserung der strategischen Planung der Justiz ist. In diesem Sinne weisen die hier vorgestellten Ergebnisse auf die Notwendigkeit hin, die Art und Weise zu überdenken, in der die Planung und die Ziele den Gerichtskammern mitgeteilt, erläutert und mitgeteilt werden. Es scheint eine Wissenslücke zu bestehen, die es zu schließen gilt, vor allem durch die Schulung von Richtern und Staatsbediensteten. Sie verfügen nur über geringe Kenntnisse in Verwaltungsangelegenheiten, was zu einer geringeren Produktivität und Effizienz als erwartet führen kann. Die Beziehungen zwischen den Richtern und den Gerichtsbediensteten sind ebenfalls ein wichtiger Punkt, da die eine Seite ohne die andere nicht gut arbeiten kann.

Was den theoretischen Beitrag betrifft, so ist diese Arbeit ein Beispiel dafür, wie wichtig es ist, Studien zur strategischen Planung im öffentlichen Sektor durchzuführen. Es gibt weniger Studien zu diesem Thema als zum privaten Sektor, der im täglichen Leben der öffentlichen Organisationen und seit 2009 auch in allen Gerichten des Landes immer präsenter wird. Das Verständnis dafür, wie sich die strategische Planung in den öffentlichen Sektor und die Gerichte einfügen sollte, ist für eine erfolgreiche Umsetzung unerlässlich.

3.4 Grenzen der Forschung

Die Studie konzentrierte sich auf ein einziges Gericht im Lande, den Gerichtshof des Bundesstaates Rio de Janeiro. In diesem Sinne kann es sein, dass die Untersuchung auf einige Besonderheiten gestoßen ist, die nur für diese Einrichtung charakteristisch sind, die nicht festgestellt und/oder kontrolliert werden konnten und die Verallgemeinerungen für die anderen Gerichte des Landes verhindern würden.

Außerdem wurden im Rahmen der dem TJERJ auferlegten Zielvorgaben nur die statistischen Daten des CNJ in Bezug auf dieses Gericht als Parameter zur Feststellung der Leistungsentwicklung herangezogen. Darüber hinaus gibt es weitere Faktoren wie Regionalisierung und Spezialisierung, die die Statistiken des CNJ beeinflussen, die aber vom CNJ nicht berücksichtigt werden, was zu verzerrten Daten führen kann.

Eine weitere Einschränkung bezieht sich auf die in dieser Untersuchung gewählte Methode - die qualitative Methode mit Hilfe von Interviews -, bei der die Schwierigkeit der Messung subjektiver Variablen im Zusammenhang mit der menschlichen Wahrnehmung inhärent ist. Obwohl Praktiken angewandt werden, um etwaige Verzerrungen in den gesammelten Daten zu minimieren, ist dies eine Einschränkung, die in jeder Forschung, die in diesen Bereich der Studie fällt, bestehen wird. Einige der festgestellten Einschränkungen werden im Folgenden erläutert:

- die ausgewählten Personen sind möglicherweise nicht die repräsentativsten;

- Die Antworten der Befragten könnten voreingenommen sein oder es könnten Informationen weggelassen werden, weil man befürchtet, Sektoren oder Mitglieder der Organisation bloßzustellen;

- möglicher Einfluss der Forscherin bei der Durchführung der Interviews, da sie demselben Universum angehört, das erforscht wird. Dies könnte die Antworten der Befragten aufgrund ihres Wissens über das Thema beeinträchtigen;

- Die Kategorien sind *von vornherein* festgelegt, was das Aufkommen neuer Inhalte und den Verlust oder die Eliminierung von nicht passenden Inhalten einschränken kann.

KAPITEL 4 AUSWERTUNG DER DATEN

In diesem Kapitel werden die Analysen vorgestellt, die auf bibliografischen Daten, Statistiken über die Einhaltung der Zielvorgaben aus den Berichten des CNJ und des TJERJ sowie auf Interviews mit Richtern und Gerichtsbediensteten des ausgewählten Gerichts basieren. Da die bibliographischen und statistischen Daten zuerst erhoben wurden, gefolgt von den Interviews, werden, wenn nötig, separate Erklärungen gegeben.

4.1 Strategische Planung im Justizwesen

Im Bereich der Justiz ist die Planung die erste Verwaltungsfunktion, da sie als Grundlage für die anderen Funktionen dient. Sie legt fest, was getan werden muss, welche Ziele erreicht werden sollen, welche Kontrollen durchgeführt werden und welche Art von Management notwendig ist, um zufriedenstellende Ergebnisse zu erzielen (GRANGEIA, 2007).

Eine intensivere Reflexion über die Notwendigkeit, die Verwaltung des Justizwesens zu stärken, fand erst nach der Bundesverfassung von 1988 statt, die die Forderung nach Modernisierung, Transparenz, qualitativ hochwertigen Justizdienstleistungen und Effizienz in den Beziehungen zur Gesellschaft neu belebte (JOBIM, 2004). Es war jedoch ein langer Weg bis zur Formalisierung der nationalen strategischen Planung.

In den 1990er Jahren begann die Justiz zu erkennen, dass sie mit ihrem dilettantischen Verwaltungsmodell den Anforderungen der Gesellschaft nicht mehr gerecht werden konnte. Obwohl die Hauptaufgabe der Justiz darin besteht, Urteile zu fällen, muss sie heutzutage effizient, mit effektiven Ergebnissen und in einem sozial gerechten Zeitrahmen Urteile fällen. Man kam zu dem Schluss, dass die Verwaltung professionalisiert werden muss (LEME, 2010). Das Überdenken der Managementstrukturen und -prozesse für die Justiz bedeutete, dass neue Konzepte, Ideen und Praktiken an das Wesen und die Besonderheiten der Rolle der Justiz in den sozialen Beziehungen angepasst werden mussten. Initiativen, die darauf abzielen, eine größere Effizienz und Produktivität bei der Erbringung von Justizdienstleistungen zu erreichen (mehr Produkte mit weniger Ressourcen), spiegeln innerhalb der Justiz die breitere Bewegung der Reformen im öffentlichen Management, das *NPM,* wider (CUNHA,

2010).

So fand 1995 unter dem Einfluss des *New Public Management die* Managementreform des brasilianischen Staates statt, mit der Aussicht auf eine effizientere Nutzung der öffentlichen Ressourcen durch den Staat (BRESSER-PEREIRA, 1997; 2000). Darüber hinaus sind die grundlegenden Thesen des *NPM* mit der Annahme neuer Wege verbunden, wie z.b. Aktivitäten, die sich an explizit definierten Missionen orientieren, Effektivität, Wirksamkeit und Effizienz bei der Erbringung von Dienstleistungen sowie die Einbeziehung der Gesellschaft und des internen Personals in die Formulierung und Umsetzung einer Zukunftsvision (FLEURY, 2005). Infolgedessen wurden Anfang der 2000er Jahre die Debatten und die Mobilisierung für die Modernisierung der Justizbehörden des Landes erneut intensiviert (CUNHA, 2010).

Mit der Verabschiedung der Verfassungsänderung 45 im Jahr 2004 und der anschließenden Einrichtung des Nationalen Justizrats wurden schließlich Anstrengungen zur Professionalisierung und Modernisierung der Justiz unternommen. Seitdem wurden durch strategische Planung, die Festlegung von Zielen und Leistungsindikatoren sowie die Erstellung von Statistiken gute Ergebnisse erzielt (CAMPOS, 2010). Im Jahr 2009 verabschiedete der CNJ unter dem Vorsitz von Richter Gilmar Mendes die Entschließung Nr. 70, mit der die nationale strategische Planung und Verwaltung des Justizwesens eingeführt wurde, sowie die Entschließung Nr. 99, mit der die strategische Planung der Informations- und Kommunikationstechnologie in diesem Bereich eingeführt wurde. Mit dieser Änderung der Einstellung wurde das Modell der alle zwei Jahre stattfindenden Diskontinuität in der Verwaltung überwunden und die Idee der administrativen Kontinuität entwickelt (MENDES, 2010).

So hat der CNJ als Hauptkoordinator dieser Planung die operative Effizienz bei der Erbringung von Dienstleistungen für die Gesellschaft als Leitlinie. Darüber hinaus wurde für diesen Regierungszweig eine noch nie dagewesene und anspruchsvolle Kultur des Ergebnisstrebens eingeführt (z. *B.* Leistungsindikatoren und mehrjährige Ziele) (ZOUAIN, 2010). Zu diesem Zweck musste festgestellt werden, in welchem Stadium sich die Justiz befand, welche Ziele innerhalb eines bestimmten Zeitrahmens erreicht werden sollten und welches die geeigneten Mittel zur Erreichung dieser Ziele waren (MENDES, 2010).

Infolgedessen wurde das Management unerlässlich, damit die Richter, die für die

Verwaltung des Justizwesens verantwortlich sind, angesichts der immensen Nachfrage weiterhin gut, schnell und effizient urteilen können (STUMPF, 2009). Als Gremium, das allgemeine Verwaltungs- und Kontrollmaßnahmen festlegt, hat der CNJ eine wichtige Rolle bei der Vereinheitlichung der Verwaltungsleistung der Gerichte des Landes gespielt, die stets sehr uneinheitlich war (LEME, 2010). Zwischen Ende 2009 und Anfang 2010 wurde die Strategie des CNJ auf praktisch alle Instanzen in allen Bereichen der Justiz ausgeweitet (MANZINI, 2010).

Laut Minister Gilmar Mendes (2010) ist die Reform des Justizwesens ein wichtiger Teil der Reform des brasilianischen Staates, da sie die wenig schmeichelhaften Realitäten Brasiliens, wie die Idee des Patrimonialismus, verändert. Einige Gerichte haben die neue Ausrichtung des Justizwesens schon bald erkannt und vorweggenommen (LEME, 2010), wie der STJ, die TRF der Regionen 1ª und 4ª sowie die Gerichte des Bundesdistrikts, von Minas Gerais und Rio de Janeiro. Noch vor der Formalisierung der nationalen Strategieplanung hatte das Gesetz 11.419 aus dem Jahr 2006 mit der Informatisierung der Gerichtsverfahren (die in einigen Gerichten des Landes bereits vor 2009 begann) die Erbringung von Justizdienstleistungen bereits revolutioniert (STUMPF, 2009).

4.1.1 Strategische Planung am Gerichtshof des Bundesstaates Rio de Janeiro

Die Justizbehörde des Bundesstaates Rio de Janeiro gehörte zu den Vorreitern bei der Umsetzung einer strategischen Planung mit dem Ziel, ihre Verwaltung zu optimieren. Nach Überlegungen über die Zweckmäßigkeit einer Modernisierung kam die Leitung der Justiz von Rio de Janeiro zu dem Schluss, dass eine technische und wissenschaftliche Zusammenarbeit erforderlich ist, um Maßnahmen zur institutionellen Entwicklung des TJERJ durchzuführen. Dieser Prozess sollte sich auf bewährte Organisations- und Managementmethoden und -techniken stützen und von einer Institution unterstützt werden, die auf Projekte in diesem Bereich spezialisiert ist - *in diesem Fall von* der Getulio Vargas Stiftung/RJ. So wurde am 13. September 2001 eine strategische Partnerschaft zwischen dem TJERJ und der FGV/RJ unter der Vereinbarung Nr. 003/226/2001 unterzeichnet (CUNHA & MOTTA, 2005).

Unter der Bezeichnung Stärkung und Modernisierung der Justizverwaltung konzentrierte sich das erste umfassendere Projekt der TJERJ-Reform auf das damalige Verwaltungssekretariat. Die Arbeiten, die 2002 stattfanden, führten zu einer Aufteilung dieser Abteilung in die Abteilung für Personalmanagement und die Abteilung für Logistik. Gleichzeitig wurde die Kommission für die Modernisierung und Verwaltung des Justizwesens eingerichtet, die die Aufgabe hat, die Bemühungen um eine Änderung des geltenden Verwaltungsmodells zentral zu unterstützen (CUNHA & MOTTA, 2005).

In diesem Zusammenhang begann 2003 ein systematischer strategischer Planungsprozess in der Institution, der zur Formulierung von drei grundlegenden strategischen Leitlinien führte: Mission, Zukunftsvision und grundlegende Qualitätspolitik. Um die Umsetzung dieser Planung zu ermöglichen und die Kontinuität des Prozesses zu unterstützen, wurde durch das Exekutivgesetz Nr. 4.325/2003 die Kommission für das strategische Management des Justizwesens geschaffen (FLEURY, 2005). Gleichzeitig mit all diesen Neuerungen wurde ein Aufbaustudiengang für die Justizverwaltung eingerichtet, um die Nachhaltigkeit der umzusetzenden Maßnahmen zu gewährleisten (CUNHA & MOTTA, 2005).

Dieses Großprojekt des TJERJ wurde in den Beschluss 15/2003 umgesetzt, mit dem das Sondergremium des Gerichtshofs die Organisationsstruktur der Justiz des Bundesstaates Rio de Janeiro genehmigte. Anschließend wurde der Beschluss Nr. 3/2004 zur Rationalisierung der Funktionen und des Personals erlassen.

Zu den Änderungen gehörten die Abschaffung der Berufungsgerichte, die im Laufe der Jahre ihre Daseinsberechtigung verloren hatten, und eine vollständige Umstrukturierung der Verwaltung (LEME, 2010).

Die Zahl der Planstellen für Gerichtsbedienstete und Richterämter wurde erhöht. Dies war nur dank der Abschaffung von Dutzenden von beauftragten Stellen und Positionen sowie Dutzenden von anderen freien Stellen möglich. Der TJERJ-Sonderfonds ermöglichte Verwaltungsautonomie und Steuerverantwortung. Dieser Fonds wurde durch das Gesetz 2.524/1996 eingerichtet und später durch das Gesetz 3.217/1999 ergänzt, beides staatliche Verordnungen, die die Einnahmen des Fonds an den Prozess der Modernisierung und Neuausstattung der Justiz von Rio de Janeiro binden. Die Ausbildung von Richtern und Beamten erfolgte durch die Staatliche Richterschule von Rio de Janeiro (Emerj) und die Schule für Justizverwaltung (Esaj), deren Ziel es war, durch gemeinsame Ausbildung zu einem agilen und effektiven Justizdienst beizutragen

(CUNHA & MOTTA, 2005).

Die strategische Planung wurde mit Hilfe der Methode der *Balanced Scorecard*

(*BSC*) erstellt, die darauf abzielt, den Weg (Strategiekarte) zur Verwirklichung der

Zukunftsvision ("was wir sein wollen") und zur Erfüllung des organisatorischen Auftrags

("warum gibt es uns?") zu beschreiben. Zu diesem Zweck wurden mit dieser Methode die

operativen Maßnahmen der Justiz mit der von der obersten Hierarchie des Gerichtshofs

festgelegten Strategie in Einklang gebracht. Dieses zufriedenstellende Ergebnis wurde

durch die Formulierung strategischer Ziele erreicht, die in Dimensionen mit

vordefinierten Zielvorgaben und Projekten gegliedert sind, die alle eine

zusammenhängende Wertschöpfungskette bilden (GANGEMI & FERNANDES, 2010).

Mit der Verabschiedung des CNJ-Beschlusses Nr. 70/2009 und der Formulierung einer nationalen Strategieplanung wurden geringfügige Änderungen am Strategieplan des Staates vorgenommen. Seitdem wurden die Entschließungen 21/2009, 8/2010, 34/2010 und schließlich 13/2012 erlassen. Gegenwärtig besteht der Auftrag des TJERJ darin, "Interessenkonflikte in einer ihrer Natur angemessenen Zeit zu lösen", seine Zukunftsvision besteht darin, "die gesellschaftliche Anerkennung des Beitrags des PJERJ zur demokratischen Ausübung der Staatsbürgerschaft zu erlangen" und seine grundlegenden Strategien bestehen darin, "kontinuierlich die besten Managementpraktiken zu entwickeln, damit die Organisationseinheiten des PJERJ und ihre jeweiligen Richter und Beamten den Auftrag erfüllen, um die festgelegte Vision zu erreichen".Da das TJERJ ein Vorreiter auf dem Gebiet der strategischen Managementpraktiken ist und auf seinen Erfahrungen aufbaut, können die aus der Fallstudie des TJERJ gezogenen Schlussfolgerungen als Grundlage für die Untersuchung anderer Gerichte im Lande dienen.

4.2 Statistische Daten über die Erreichung der Ziele

Die folgenden Tabellen sind das Ergebnis einer objektiven Analyse der Daten aus den offiziellen Berichten des CNJ und des TJERJ. Sie zeigen die Leistung der nationalen Ziele, die der PJERJ zwischen 2010 und 2012 erreicht hat. Es ist anzumerken, dass im Jahr 2009, dem Jahr der nationalen Strategieplanung, die Notwendigkeit der Erfüllung von Ziel 2 festgestellt wurde[6] . Beim TJERJ haben nur 36 Prozent der Gerichtsbüros (oder 267 von insgesamt 749[7]) dieses Ziel erreicht. Im Jahr 2011 hatten 85,39 Prozent das Ziel 2 erreicht. Dieses Ziel 2 steht 2013 noch aus.

Tabelle 1

CNJ/TJERJ-ZIELE - JAHR 2010		
TARGET	BESCHREIBUNG	GESAMT COMPLIANCE
Ziel 1	Entscheidung über die gleiche Anzahl von im Jahr 2010 verteilten Wissensfällen und einen Teil des Rückstands, mit monatlicher Überwachung.	94,03%
Ziel 2	Beurteilung aller verteilten Wissensfälle (in der 1., 2. und höheren Instanz) bis zum 31. Dezember 2006 und in Bezug auf Arbeits-, Wahl-, Militär- und Schwurgerichtssachen bis zum 31. Dezember 2007.	45,42%[8] (Zielvorgabe für 2011 steht noch aus)

---

[6] Beurteilung aller verteilten Wissensfälle (in der 1., 2. und höheren Instanz) bis zum 31. Dezember 2006 und in Bezug auf Arbeits-, Wahl-, Militär- und Schwurgerichtssachen bis zum 31. Dezember 2007. Verfügbar unter: www.tjrj.jus.br. Abgerufen am: 21. September 2012.

[7] Es wurden nur Gerichte gezählt, die vor dem 31.12.2005 verteilte Fälle hatten, die noch nicht verurteilt worden waren. Verfügbar unter: www.tjrj.jus.br. Abgerufen am: 21. September 2012.

In der ersten Instanz[a] wurden nur die Gerichte gezählt, die zwischen dem 01.01.2006 und dem 31.12.2006 für Fälle ohne Geschworenengericht und zwischen dem 01.01.2006 und dem 31.12.2007 für Fälle mit Geschworenengericht nicht verurteilte Fälle verteilt haben. Verfügbar unter: www.tjrj.jus.br. Abgerufen am: 21. September 2012.

Ziel 3	Verringerung des Rückstands bei den Fällen, die sich in der Erfüllungs- oder Vollstreckungsphase befinden, um mindestens 10 % und des Rückstands bei den Steuervollstreckungen um 20 % (Referenz: Rückstand zum 31. Dezember 2009).	-58,8 % ohne Steuern und 1,8 % mit Steuern (Ziel für 2011 steht noch aus)
Ziel 4	Ausarbeitung und Veröffentlichung aller Urteile innerhalb von 10 Tagen nach der Urteilssitzung.	13,12%
Ziel 5	Einführung einer Methode zur Verwaltung von Routineabläufen (Arbeitsprozessmanagement) in mindestens 50 % der juristischen Einheiten der ersten Ebene.	100%
Ziel 6	Senkung des Pro-Kopf-Verbrauchs (Richter, Beamte, ausgelagerte Mitarbeiter und Praktikanten) von Energie, Telefon, Papier, Wasser und Kraftstoff um mindestens 2 Prozent (Referenzjahr: 2009).	2619,5% (mit einem Rückgang von 52,39%)
Zielscheibe 7	Die Produktivität der Richter und Staatsanwälte sollte monatlich über das Gerichtsportal abrufbar sein.	100%
Ziel 8	Förderung von Fortbildungskursen im Bereich der Justizverwaltung mit einem Umfang von mindestens 40 Stunden für 50 % der Richter und Staatsanwälte, vorrangig im Fernunterricht.	100%
Ziel 9	Erhöhung der Geschwindigkeit der Verbindungen zwischen dem Gerichtshof und 100 % der Justizbehörden auf 2 Mbit/s	100%

	in der Hauptstadt und mindestens 20 % der Einheiten im Landesinneren installiert werden.	
Ziel 10	90 Prozent des amtlichen Schriftverkehrs zwischen den Organen der Justiz werden elektronisch abgewickelt, einschließlich der Vorbescheide und Anordnungen.	0,34%

Quelle: www.cnj.gov.br e
www.tjrj.jus.br

Tabelle 2

CNJ/TJERJ NATIONALE ZIELE - JAHR 2011		
TARGET	BESCHREIBUNG	GESAMT COMPLIANCE
Ziel 1	Einrichtung einer Projektmanagementeinheit in den Gerichten, um die Umsetzung des strategischen Managements zu unterstützen.	100%
Ziel 2	Einführung eines Systems zur audiovisuellen Aufzeichnung von Anhörungen in mindestens einer Gerichtsabteilung der ersten Instanz in jedem Gericht.	100%
Ziel 3	Erlass von Urteilen in einer Anzahl, die der Anzahl der im Jahr 2011 verteilten Rechtssachen und einem Teil des Rückstands entspricht, mit monatlicher Überwachung.	86,84%
Ziel 4	Durchführung mindestens eines Programms zur Information der Öffentlichkeit über die Aufgaben, Tätigkeiten und Organe der Justiz in Schulen oder anderen öffentlichen Einrichtungen.	100%

Quelle: www.cnj.gov.br und
www.tjrj.jus.br

Tabelle 3

CNJ/TJERJ NATIONALE ZIELE - JAHR 2012

TARGET	BESCHREIBUNG	GESAMT COMPLIANCE
Ziel 1	Mehr Wissensfälle beurteilen als im Jahr 2012 verteilt wurden.	45,25%
Ziel 2	Bis zum 31.12.2012 mindestens 80 % der im Jahr 2007 verteilten Fälle vor dem STJ zu entscheiden; 70 % von 2008 bis 2009 vor dem Bundesmilitärgericht; 50 % im Jahr 2007 vor dem Bundesgericht; 50 % von 2007 bis 2009 vor den föderalen Sondergerichten und den föderalen Berufungsgerichten; 80 % im Jahr 2008 vor dem Arbeitsgericht; 90 Prozent von 2008 bis 2009 vor dem Wahlgericht, 90 Prozent von 2008 bis 2010 vor den staatlichen Militärgerichten und 90 Prozent im Jahr 2007 vor den staatlichen Berufungsgerichten und der zweiten Ebene der staatlichen Gerichte.	76,67%
Ziel 3	Zugänglichmachen von Verfahrensinformationen auf den Portalen des World Wide Web (Internet), mit aktualisiertem Verlauf und Inhalt der Entscheidungen in allen Fällen, unter Wahrung des Justizgeheimnisses.	100%
Ziel 4	Einrichtung eines Zentrums für justizielle Zusammenarbeit und Einsetzung eines Kooperationsrichters[2] .	0%
Ziel 5	Einführung eines elektronischen Systems zur Abfrage des Kostenverzeichnisses und zur Ausstellung von Zahlscheinen[3] .	100%

Quelle: www.cnj.gov.br und www.tjrj.jus.br
-Referenzmonat: Januar/12. [2]Bezugsmonat: Mai/12. [3]Referenzmonat: Januar/12.

4.3 Auswertung der Interviews

Um die in dieser Studie analysierten subjektiven Aspekte zu erfassen, wurde eine Inhaltsanalyse auf der Grundlage der Transkripte, Notizen und Anmerkungen der Interviews durchgeführt. Diese Inhaltsanalyse wurde mit einem gemischten Raster durchgeführt, das vier Analysekategorien umfasst: Interaktion, Transparenz, Relevanz, Auswirkung auf das Management, wie in der folgenden Tabelle dargestellt:

Schaubild 1 - Analysekategorien der Wahrnehmungen der Befragten zum Forschungsproblem

KATEGORIE	DEFINITION
Interaktion	Grad der Beteiligung von Richtern und Beamten an der Formulierung und Umsetzung von Zielen.
Transparenz	Interner Kenntnisstand über die für das TJERJ gesetzten Ziele.
Relevanz	Inwieweit sind die vom CNJ auferlegten Ziele für den Kontext, in dem der TJERJ tätig ist, relevant?
Auswirkungen auf das Management	Auswirkungen der Zielvorgaben auf die Leistung von Richtern und Beamten sowie auf die Managementdynamik des TJERJ.

Für jedes Interview wurden die relevantesten Auszüge nach den oben beschriebenen Kategorien kategorisiert. Die Analysen wurden mit Hilfe von Dialogkarten durchgeführt. Aufgrund der Untersuchung einer großen Menge an Informationen, von denen ein Großteil nicht transkribiert wurde, kann es sein, dass relevantes Material bei der Analyse nicht berücksichtigt wurde.

4.3.1 Wahrnehmung der Interaktion

Was die Wahrnehmung der Interaktion anbelangt, so sind sich die Befragten einig, dass diese unzureichend ist, was unweigerlich zu einem geringen Engagement für die Ziele führt. Dies führt dazu, dass die Leistung der Justizbehörde hinter den Erwartungen zurückbleibt. Die starke Hierarchie wurde als Ursache für die Kommunikationslücke zwischen Gerichtsbediensteten und Richtern sowie innerhalb der Gerichtsverwaltung selbst genannt. Darüber hinaus sind die Personen, die die Ziele und Pläne formulieren, weit von der Praxis entfernt, so dass der Auftrag des Gerichts von der Mehrheit der Befragten als unerreichbar angesehen wird. Diese hierarchische Distanz in Verbindung mit der Distanz zwischen Praxis und Theorie hemmt die Kreativität der Menschen, wodurch neue Ideen, die für die Entwicklung des Gerichtshofs nützlich wären, eingeschränkt werden.

Es besteht daher Einigkeit darüber, dass ein guter Dialog zwischen dem Standesamt und dem Richteramt unabdingbar ist, denn ein gutes Standesamt ohne einen guten Richter hat keinen Sinn, ebenso wie ein guter Richter ohne ein gutes Standesamt keinen Sinn hat. Nur durch dieses hierarchische nur durch dieses hierarchische Zusammenspiel können die Ziele erreicht werden. Dies wird in den in Schaubild 2 dargestellten Auszügen deutlich:

Schaubild 2 - Wahrnehmung der Interaktion

Auszug
"(...) in der gleichen Weise, wie der Richter diese größere Leitung des Gerichts hat, [ist es notwendig, dass] der Gerichtsschreiber auch eine Person ist, die ausgebildet und daran interessiert ist, diese Leitung zu verbreiten."
"(...) das Sekretariat hier ist der Arm des Richters, es ist der *longa manus*, also hier verwalten wir zusammen mit dem Richter. Wir denken über das nach, was hierher kommt, bringen es zum Gerichtsschreiber, diskutieren es und wenden es im Gericht an (...)".
"Letztendlich verstehen die Leute im Standesamt nicht wirklich, woher das kommt, denn die Ziele sind wirklich schwierig."
"Wenn der Richter den Auftrag an die RE erteilt, weist er ihn einem von uns zu und wir verteilen ihn unter uns. Hier haben wir zwar nicht viele Beamte im Büro, aber viele Auszubildende, so dass wir sie gut verteilen können."
"(...) wir hatten neulich eine Sitzung hier [im Büro des Richters], wie viel wurde über rechtliche Fragen diskutiert? Nichts, wir haben über Management gesprochen (...) alles, was mit der Praxis zu tun hat, wie wir es schaffen (...) wir müssen uns selbst organisieren, [also] wie werden wir es tun?"
"(...) die Richter sind nicht ausgebildet, um zu verwalten, (...) die Person sitzt da [Präsident des Gerichts] und übt sich im Urteilen, es ist eine Menge Urteilsvermögen."

4.3.2 Wahrnehmung der Transparenz

In Bezug auf das von den Befragten geäußerte Verständnis von Transparenz wurde unter anderem festgestellt, dass nur wenige Informationen über die Zielvorgaben, ihre Messung, ihre Bedeutung und ihren Verwendungszweck gegeben werden. Es wird lediglich darauf hingewiesen, dass die Ziele verbindlich sind. Erklärungen und Informationen sind Mangelware, nicht zuletzt, weil die Anordnungen in der Regel im Amtsblatt (D.O.) mit einer Frist von 30 (dreißig) Tagen für die Erfüllung veröffentlicht werden, was die Suche nach Informationen unmöglich macht. Viele der Befragten gaben an, dass die Leute "im Dunkeln" handeln und nur die Anweisungen ihrer Vorgesetzten befolgen usw. Ein befragter Direktor rief bei zwei verschiedenen Direktionen an, sprach mit mehr als fünf (fünf) leitenden Verwaltungsmitarbeitern des Gerichtshofs, und keiner von ihnen konnte ihm sagen, wer für die Zielvorgaben des CNJ zuständig ist. Dies zeigt, dass das Informationsdefizit nicht auf die unteren Hierarchieebenen beschränkt ist.

Tabelle 3 zeigt einige Auszüge, die diese Themen darstellen:

Schaubild 3 - Wahrnehmung der Transparenz

Auszug
"(...) diese Zielvorgaben werden festgelegt und an die oberste Leitung unseres Hofes weitergegeben, und wir haben hier eine Generaldirektion namens (...) DGDIN, die diese ganze Last aufnimmt, der ganze Kontakt mit dem CNJ läuft über diese Direktion, und es geht hinunter auf die hierarchischen Ebenen, diese Anordnungen (...) sie werden aufgeschlüsselt durch Gesetze, Bestimmungen, und das wurde weitergegeben."
"(...) Jeder ist für die Aufschlüsselung dieses Bereichs verantwortlich. Dann gibt es die DGJUR, die sich um all diese statistischen Dinge kümmert, (...) diese Sektoren, die verantwortlich sind, sind diejenigen, die den Kontakt zu den Richtern und den Sachbearbeitern herstellen, die diese Anordnungen bringen, die diese unmittelbaren Anordnungen sind, die sie in kleine Anordnungen, kleine Bestimmungen für jeden Sektor aufschlüsseln."
"(...) wir haben diese Informationen nicht (...). Wir haben diese Kultur nicht (...) Es mangelt an Schulungen, Informationen, Kursen (...)".
"Die Angestellten wissen nicht, warum oder wie, sie geben nur Befehle. (...) Es muss wirklich mehr Schulungen geben (...). Mehr Richter, die gründlich geschult werden, mehr Sachbearbeiter, die geschult werden."
"Wir wissen nicht, was das Ziel selbst bedeutet. Auf dem Deckel des Koffers befindet sich ein Etikett, auf dem zum Beispiel 'Ziel 2' steht. Ich erhalte nur Aufträge von der RE. Aber im Allgemeinen handelt es sich bei diesen Zielfällen um ältere Fälle, die schon eine Weile andauern."
"Diese Statistiken beruhen alle auf Kriterien, (...) uns wird nicht gesagt, wie man zu dieser Zahl kommt (...). Es sollte eine Erklärung geben, wie sie berechnet wurde, wie dieser statistische Index erdacht wurde.
"(...) wer hat die strategische Planung für die nächsten 10, 15, 20 Jahre gemacht (...)?"
"Man hat (...) nicht diese *Rechenschaftspflicht*, die eine Mischung aus Transparenz und Verantwortung ist (...)".
"(...) der CNJ schickt es an das Gericht, das Präsidium übernimmt es von dort. Die erste Instanz ist natürlich diejenige, die am meisten belastet ist, und wir [die zweite Instanz] sind es auch."

4.3.3 Wahrnehmung der Relevanz

Viele Kritikpunkte betrafen die fehlende Regionalisierung und Spezialisierung der Ziele. Nach Ansicht der Befragten sind die Gerichte nicht gleich, sie haben einen unterschiedlichen Entwicklungsstand und sollten daher nicht gleich behandelt werden. Es ist auch nicht möglich, dass beispielsweise eine Inventur, ein Vaterschaftsprozess oder ein Konkurs nicht länger als ein Jahr dauert. Dies sind externe Faktoren, von denen das Gericht abhängt, um diese Fälle zu beurteilen. Die Verfahrensdauer kann nicht für Gerichte gleich sein, die sich mit völlig anderen und besonderen Fragen befassen.

Die nachstehende Tabelle 4 zeigt einige der in den Interviews geäußerten Wahrnehmungen:

Tabelle 4 - Wahrnehmung der Relevanz

Auszug
"Zunächst müssen wir Brasilien nicht als Rio de Janeiro betrachten."
"(...) unser Gericht ist schneller als die anderen, wenn man sogar den Südosten vergleicht, wie São Paulo (...) nun stellen Sie sich ein Gericht im Inneren des Nordens vor, im Nordosten, die Ressourcen sind kleiner (...)".
"Wenn ich es also aus brasilianischer Sicht betrachte, begrüße ich die Ziele. Denn es ist eine Tatsache, dass viele Gerichte ihre Urteile sehr langsam fällen, es gibt eine Menge Verzögerungen, worüber sich alle beschweren.
"Was ist falsch an Zielvorgaben? Man muss kühl analysieren (...) kurz gesagt, die Qualität des Justizdienstes (...) jeder Fall hat seine Eigenheiten."
"Ich habe nichts dagegen, dass der CNJ generell Ziele festlegt, aber wir müssen die Besonderheiten jedes einzelnen Falles berücksichtigen.
"(...) Brasilien ist ein kontinentales Land, ich bin ein Kritiker in dem Sinne, dass ich denke, es sollte regionalisiert behandelt werden, es kann nicht der gleiche Verhaltensstandard für ganz Brasilien sein, (...) jetzt begrüße ich die Tatsache, dass Routinen etabliert werden müssen."
"Das Ziel, das für uns passt, passt nicht für das Gericht von Piauí, das manchmal nicht für das Gericht von Ceará passt."
"Es müsste eine Regionalisierung stattfinden. Was sind die Besonderheiten des Gerichts? Gibt es spezialisierte Gerichte? Mit anderen Worten, dies sind Bestandteile, Punkte, die analysiert werden müssen, damit wir wissen, ob wir das gleiche Ziel für Rio de Janeiro, für São Paulo, (...) aber nicht allgemein für alle festlegen können."
"(...) wir müssen uns dem stellen, worüber sich alle beschweren, nämlich der Länge der Zeit, ohne Zweifel, aber sind die Kriterien angemessen? Meiner Meinung nach nicht."
"Zunächst wäre zu prüfen, ob es eine Zielvorgabe für die Verurteilung gibt oder ob dadurch das Konzept der Gerechtigkeit verstümmelt wird."
"Wir können nicht länger einen Richter haben, der nur mit dem Gedanken an wunderbare Qualität arbeitet und dann mit einer enormen Überlastungsrate leben muss, (...) wir müssen das ausgleichen."
"(...) in diesem Moment, auch wenn es eine Abweichung gibt, die ich glaube, dass der CNJ Brasilien so behandelt, als ob es ein einheitlicher Staat wäre, und das sind wir nicht, (...) in dieser Anfangsphase, schafft er Ziele, die Mindeststandards darstellen, die für alle Staaten gelten sollen, das ist vernünftig."
"(...) weil es ein föderales Organ ist, wie kann es sagen, dass es für Piauí so und für São Paulo anders ist?"

4.3.4 Wahrgenommene Auswirkungen auf das Management

Aus den Protokollen geht hervor, dass auf die Richter ein übermäßiger Druck ausgeübt wird, mehr Urteile in kürzerer Zeit zu fällen.

Infolgedessen sind die Gerichtsbediensteten überlastet, und als Folge des Anstiegs der Zahl der Urteile steigt auch die Zahl der Berufungen, die in die zweite Instanz gehen. Dennoch sind sich die Befragten einig, dass die Zielvorgaben, auch wenn sie weitgehend unbekannt sind, die "Verwaltung" und die Planung der Gerichte und des Gerichtshofs in den Vordergrund gerückt haben. Denn um diese Ziele zu erreichen, müssen alte Praktiken umformuliert, Modernisierungen angepasst und verwaltungstechnische Elemente eingefügt werden, um u. a. die Zeit zu optimieren. Darüber hinaus haben alle Befragten die verschiedenen Verbesserungen hervorgehoben, die erreicht wurden, aber auch zugegeben, dass es noch viel Raum für Verbesserungen gibt. Den Interviews zufolge haben die Zielvorgaben dazu beigetragen, Richter zu "schocken", die zu selbstgefällig waren und die die Tatsache, dass sie Beamte sind, falsch darstellten, um eine geringere Arbeitsbelastung zu legitimieren.

Tabelle 5 enthält die wichtigsten Auszüge zu diesem Thema:

Schaubild 5 - Wahrgenommene Auswirkungen auf das Management

Auszüge
"Was ich in der Praxis häufig sehe, ist eine ungezügelte Geschwindigkeit, um die Zielvorgaben zu erfüllen, mit einer sehr geringen Qualität der Urteile (...) vor einiger Zeit, als die Zielvorgaben des CNJ veröffentlicht wurden (...) gab es eine informelle Richtlinie für uns in dem Sinne, dass wir in Fällen mit Lähmungen, in denen das Gesetz vorsieht, dass die Vorladung unter Androhung der Löschung persönlich erfolgen muss, die Vorladung durch die Staatsanwaltschaft veranlasst haben, wobei wir das Gesetz gebrochen haben, um die Zielvorgaben zu erfüllen."
"Weil wir heute an einer Neurose leiden, müssen wir Ziele erreichen (...)".
"Meta ist zu einer Modeerscheinung geworden".
"Natürlich wird es keine Qualität sein, die ich als unzureichend betrachte, aber ich werde meine Entscheidungen nicht so sehr verfeinern, ich werde nicht so viele Abschriften machen, die Lehrforschung wird nicht so tiefgreifend sein, wir werden praktischer sein."
"Ich glaube, es gibt diesen Druck, (...) der von der Präsidentschaft auf den Richter ausgeübt wird."
"Meta moralisiert."
"Solange es dieses TQQ-Ding [Wochenarbeitszeit, die nur aus Dienstag, Mittwoch und Donnerstag besteht] gibt, ist nichts verlässlich. Ich glaube, Meta hilft. Das tut sie immer. Ich glaube nur, dass da noch viel mehr dahinter steckt."
"Ich denke, es ist positiv, weil wir ein Ziel haben, das wir erreichen müssen. Dadurch wird die Arbeit besser organisiert."
"Es sind die alten Hasen (...), die diese Mentalität des Nachlassens haben. Aber da alles, was wir tun, im System mit dem Namen der Person, die es getan hat, und der Registriernummer aufgezeichnet wird, ist es einfacher zu kontrollieren und man kann sagen, wer die Arbeit macht."
"Wir mussten modernisieren."

"Es ist wichtig, ein Ziel zu haben (...) der Richter muss von Montag bis Freitag arbeiten, der Richter muss mindestens 8 Stunden am Tag. Es gibt keine TQQ-Woche, der Kolibri-Richter, der zum Bezirk vum vum geht und abhaut."

"Aber es hat vieles aufgerüttelt, man muss ein Urteil fällen, man kann einen Fall nicht so lange liegen lassen, ohne ein Urteil zu fällen, was ist das für ein Geschäft?"

"(...) also muss man rennen, weil es Leute gab, die das hängen gelassen haben."

"Wer vor 30 Jahren hierher kam und einen Film oder ein Foto gemacht hat und heute wiederkommt, wird sehen, dass sich viel verändert hat."

"(...) viele standen still, viele waren nicht engagiert, mit der *Verantwortung* im Nacken, und für sie war es zu spät."

KAPITEL 5 DISKUSSION DER ERGEBNISSE

Ziel dieses Kapitels ist es, die wichtigsten Fragen, die sich aus den bibliographischen und statistischen Analysen und den Interviews ergeben haben, im Lichte der Ideen des theoretischen Rahmens zu erläutern und Schlussfolgerungen zu ziehen.

Die im Rahmen dieser Studie durchgeführten Interviews lieferten interessante Einblicke in die nationalen Zielvorgaben, die Verbreitung von Informationen darüber innerhalb des TJERJ, die Interaktion zwischen den Mitarbeitern, die im Alltag des Gerichts angewandten Praktiken sowie Kritik und Anregungen.

Einer der Hauptkritikpunkte bezieht sich auf die fehlende Regionalisierung und Spezialisierung der Ziele, die vom CNJ für alle Gerichte des Landes einheitlich festgelegt werden. Laut Motta (2012) legt die moderne Strategie Wert auf Effizienz und die Erfüllung der Anforderungen und Bedürfnisse der Gemeinschaft. Die Position des CNJ, sehr unterschiedliche Gerichte auf ein und dieselbe Zielvorgabe auszurichten, ist jedoch widersprüchlich. So sollten die Ziele mit einem gewissen Grad an Differenzierung betrachtet und angewandt werden, da sich die brasilianischen Gerichte nach Aussage der Befragten, die die Meinung von Leme (2010) bestätigen, voneinander unterscheiden. Der Faktor der Regionalisierung, der sich auf die unterschiedlichen wirtschaftlichen und sozialen Kontexte im Land bezieht, sowie der Faktor der Spezialisierung, der sich auf die Arten von Maßnahmen im Bereich der Justiz bezieht, sollten daher bei der Formulierung der Ziele berücksichtigt werden. Schließlich kann die Annahme eines präskriptiven Prozesses, ohne ihn an das externe und interne Umfeld jedes Gerichts anzupassen, eine Verschwendung von Zeit und Ressourcen sein (MARCOVITCH & RADOSEVICH, 1978).

Die schlechte Interaktion zwischen den einzelnen Personen in der Organisation, sowohl in Bezug auf den internen Dialog als auch auf den Mangel an Informationen, wurde ebenfalls von den Befragten kritisiert. Die meisten Beschwerden der Sachbearbeiter bezogen sich beispielsweise auf den mangelnden Dialog mit den Richtern und Staatsanwälten. Ihrer Meinung nach sollten die Richter versuchen, die Bedürfnisse des Standesamtes zu kennen und zu verstehen, ebenso wie die Sachbearbeiter versuchen sollten, den Richtern das zur Verfügung zu stellen, was sie benötigen, um ihre Aufgaben ordnungsgemäß zu erfüllen. Die starke Hierarchie scheint also einer der Gründe für das

Fehlen eines ständigen Dialogs zwischen dem Amt und der Registratur zu sein. Aus den Interviews geht hervor, dass ein einfaches Gespräch Klärung, neue Ideen, Vereinfachung von Formalitäten, Lernen und vieles mehr bringen kann, was der Arbeit aller zugute kommt. In diesem Sinne haben Marcovitch & Radosevich (1978) bereits darauf hingewiesen, dass Verhaltensänderungen, die die Planung und die tägliche Arbeitspraxis verbessern, auch Änderungen der Einstellungen und den Erwerb neuer Kenntnisse und Fähigkeiten beinhalten.

Es wurde auch festgestellt, dass nur wenige der Befragten die Ziele kannten, was darauf hindeutet, dass sie nicht mit den Überlegungen von Marcovitch & Vasconcelos (1977) und Marcovitch & Radosevich (1978) übereinstimmen, wonach die Planung zur Festlegung von Zielen, zur Diskussion von Erwartungen und Informationen und zur Kommunikation der beabsichtigten Ergebnisse zwischen Einzelpersonen, Arbeitseinheiten, Projekten, Abteilungen und sogar zwischen Organisationen führt. Von den Verwaltungsdirektoren des Gerichts bis hin zu den Sachbearbeitern im Standesamt weiß man also, dass die Ziele kaskadenartig von höheren zu niedrigeren Ebenen durch Anordnungen, Erlasse und Gesetze weitergegeben werden. Dieses Verhalten scheint die Diskussion über die Erwartungen der Beteiligten, die Weitergabe von Informationen zwischen den einzelnen Personen und die Mitteilung der gewünschten Ergebnisse zu behindern. Somit liegt die Verantwortung für den gesamten Planungsprozess grundsätzlich bei den höchsten Hierarchieebenen des Organs (MARCOVITCH & VASCONCELOS, 1977; MINTZBERG, AHLSTRAND & LAMPEL, 2000), *in diesem Fall beim* Präsidium des Gerichtshofs. In der Praxis liegt die Verantwortung für die Vollstreckung jedoch bei Richtern und Gerichtsbediensteten auf niedrigeren Hierarchieebenen (BAZZAZ & GRINYER, 1981; DARÓS, 2009; MARIN, 2012). Es scheint also eine große Distanz zwischen denjenigen zu bestehen, die die Ziele formulieren, die näher an der Theorie sind, und denjenigen, die sie umsetzen, die näher an der Praxis sind. In diesem Sinne haben Eastlack & McDonald (1970) und Bennett *et al.* (2001) bereits auf die Tatsache aufmerksam gemacht, dass die obersten Führungsebenen sich zwar für die strategische Planung interessieren, aber nur selten an ihrer Umsetzung beteiligt sind, so dass es kaum eine Wechselwirkung zwischen Theorie und Praxis gibt. Diese Kluft zwischen Theorie und Praxis scheint im TJERJ immer wieder aufzutreten.

Darüber hinaus ist das Ziel oder das, was damit gemessen werden soll, den meisten Menschen unbekannt. Die Befragten wiesen daher darauf hin, dass eine bessere Aufklärung erforderlich ist, und zwar durch mehr Schulungen für Beamte und Richter, oder auch durch eine umfassende Verbreitung von Informationen und Erklärungen über die Umsetzung der strategischen Planung durch eine detaillierte Betrachtung der gesetzten Ziele, wie dies von Mintzberg, Ahlstrand & Lampel (2000) empfohlen wird. Schließlich arbeitet man besser, wenn man sich dessen, was man tut, voll bewusst ist.

Darüber hinaus scheint die strategische Planung des TJERJ bei Richtern und Beamten weniger bekannt zu sein als die Ziele des CNJ. Obwohl viele der Befragten nicht genau wussten, wozu sie dienten oder woher sie kamen, hatten sie von ihnen gehört, aber fast niemand hatte von der Planung gehört. Und von den wenigen, die davon gehört haben, kennen sie es nicht oder nur den Teil, der sie betrifft. Nach Drucker (1984) muss das Lernen über die Organisation kontinuierlich, organisiert und systematisch sein, was jedoch bei dem untersuchten Hof nicht der Fall zu sein scheint.

Die auferlegten Ziele scheinen jedoch zu einer größeren Vitalität des Managements in den Gerichten beigetragen zu haben, mit Prämissen, die auf Effizienz, Agilität, Qualität und Flexibilität des Managements abzielen, sowie einem Anliegen, die Verantwortlichkeit der Verwaltung zu erhöhen (CAMPOS, 1990; DROR, 1999; POLLIT & BOUCKAERT, 2004; ABRUCIO, 2005; CAVALCANTI, 2005; ABRUCIO & SANO, 2008; CUNHA, 2010) und die Erreichung einer größeren Effizienz zu stärken (COSTIN, 2010). Unter diesem Gesichtspunkt scheint sich das Streben nach Zielerfüllung auf das Engagement der Richter und Staatsanwälte ausgewirkt zu haben.

In ähnlicher Weise kann sich ein Gerichtsbediensteter, der nicht so engagiert bei der Sache ist, sehr negativ auf die Leistung eines Gerichts auswirken. Es nützt dem Richter nichts, effizient zu sein, wenn die Kanzlei, die seine Entscheidungen ausführt, beispielsweise die Parteien nicht ordnungsgemäß zustellt und die Urteile nicht veröffentlicht. Das Ergebnis ist ein Rückstau von Fällen in den Regalen der Kanzlei und die Nichterfüllung der Zielvorgaben, was nicht mit dem von Mintzberg (1994b) empfohlenen Planungsprozess übereinstimmt. Für diesen Autor sind Formulierung, Ausführung und Kontrolle entscheidend für den langfristigen Erfolg von Institutionen. In diesem Sinne formulierte auch Taylor (1975) seine vier Grundprinzipien des Managements: Planung, Auswahl oder Vorbereitung, Kontrolle und Ausführung. Nach

Ansicht der Befragten sollte der Magistrat stets bestrebt sein, die Kontrolle über das Standesamt auszuüben und gegebenenfalls Disziplinarverfahren einzuleiten, um die Ordnung und das ordnungsgemäße Funktionieren aufrechtzuerhalten. Im Zuge der Modernisierung des internen Systems des Gerichts wird derzeit jedoch alles, was der Urkundsbeamte tut, in das computergestützte Netz eingegeben, in dem der Name und die Registrierung der Person, die die Handlung vorgenommen hat, gespeichert werden. Dies wurde in den Gesprächen als eine sehr gute Maßnahme für die Richter bezeichnet, um herauszufinden, wer sich in der Kanzlei danebenbenommen hat.

Aus der Analyse der vorgelegten statistischen Daten geht hervor, dass die allgemeinen Ziele des CNJ vom TJERJ nach und nach erreicht werden. Dies ist zum Teil auf die von der Justiz angewandte Strategie zurückzuführen, die eine Planung vorsieht, die Ziele (die von der Organisation angestrebten Ziele), Strategien und Maßnahmen (die Mittel, um diese Ziele zu erreichen) integriert, wie dies von Porter (1986) und Mintzberg & Quinn (2001) empfohlen wird. Im Rahmen des als Ziel 2 bezeichneten Nivellierungsziels für 2009 wurden beispielsweise die 36 % der Gerichtsämter, die dieses Ziel im Jahr 2010 erreicht hatten, auf 85,39 % im Jahr 2011 erhöht.

Darüber hinaus wurden in den Interviews auch technische Verbesserungen und Verbesserungen der räumlichen Gegebenheiten des Gerichts angesprochen. Die Bemühungen um eine Professionalisierung und Modernisierung der Justiz scheinen Wirkung zu zeigen, da durch strategische Planungsmaßnahmen, die Festlegung von Zielen und die Erstellung jährlicher statistischer Leistungsberichte gute Ergebnisse erzielt wurden (CAMPOS, 2010). Eine weitere Verbesserung, die hervorgehoben wurde, ist die Kontinuität der von den Verwaltungen des Gerichtshofs verfolgten Politiken, wodurch das Modell der zweijährlichen Diskontinuität, das zuvor bestand - da alle zwei Jahre eine neue Verwaltung in den Gerichtshof gewählt wird -, überwunden und die Idee der administrativen Kontinuität, wie sie von Richter Gilmar Mendes (2010) gepredigt wurde, entwickelt wurde. In diesem Sinne unterstreicht auch Motta (2012) unter Verwendung des Begriffs "strategisches Management" die Bedeutung der strategischen Planung unter dem Aspekt der Kontinuität.

Trotz der verschiedenen Kritikpunkte, die von den Befragten an der strategischen Planung des CNJ geäußert wurden, wurde einhellig anerkannt, dass die Umsetzung der Ziele im TJERJ positiv ist und Vorteile bringt. Die Bedeutung der Umsetzung des neuen

Verwaltungsmodells wurde hervorgehoben, da es als wesentlich angesehen wird, wenn die Richter, die für die Verwaltung der Justiz verantwortlich sind, angesichts der immensen Nachfrage weiterhin gut, schnell und effizient urteilen sollen (GRANGEIA, 2007; STUMPF, 2009; DEOLINDO, 2010). Auch die Richter und Rechtspfleger sehen sich einem größeren Druck ausgesetzt, was dazu führt, dass sie ihre Arbeitszeiten strikter einhalten müssen, wobei einige sogar Arbeit mit nach Hause nehmen oder Überstunden machen.

KAPITEL 6 ABSCHLUSSÜBERLEGUNGEN UND RICHTUNGEN

Mit dieser Untersuchung sollte die Wahrnehmung von Richtern und Beamten in Bezug auf die Erfüllung der nationalen Ziele, die der CNJ dem TJERJ auferlegt hat, verstanden werden und wie dies die strategische Planung des Gerichts beeinflusst. Daher waren die hier durchgeführten Analysen erfolgreich bei der Beantwortung der ursprünglich vorgeschlagenen Forschungsfrage.

Die Ergebnisse deuten darauf hin, dass neben dem Eingeständnis von Richtern und Beamten, dass das Hauptproblem der Justiz nach wie vor die Langsamkeit ist (SADEK, 2004a, 2004b; PAULA, 2006; BORDASCH, 2009), die bloße Tatsache, dass es Bemühungen und Mobilisierung zur Erfüllung der Ziele gibt, Richter und Beamte, die im Laufe der Zeit selbstgefällig geworden sind, aus ihrer Trägheit herauszubringen scheint. Aus einer globalen Perspektive betrachtet, werden die strategische Planung und die Ziele, die der CNJ dem TJERJ auferlegt hat, von den befragten Personen als positiv bewertet.

Die Kommentare zu den Analysekategorien (Interaktion, Transparenz, Relevanz und Auswirkungen auf die Verwaltung) lassen den Schluss zu, dass diese spezifisch für die öffentliche Verwaltung und nicht für den spezifischen Bereich der Justiz sind, da sie sich auf allgemeine Kritikpunkte und Vorschläge beziehen, die für öffentliche Organisationen im Allgemeinen gelten.

Die strategische Planung des CNJ und die Planungspraktiken innerhalb des TJERJ haben trotz der Nomenklatur wenig mit der strategischen Planung zu tun, die von Mintzberg & Lampel (2002) und Mintzberg (1994a) befürwortet wird, die den präskriptiven Charakter der Strategie kritisieren. Diese imposanten Praktiken, die auf der Formulierung von Plänen mit Hilfe von Statistiken und Diagrammen beruhen, zeichnen sich durch Starrheit und Uniformität aus, während die Reformbemühungen des öffentlichen Managements in der ganzen Welt versuchen, dieses Konzept zu zerstören.

Schließlich kann die strategische Planung als eine der Achsen der Reformen des öffentlichen Managements, die durch die Arbeit eines starken zentralen Organs (CNJ) eingeführt wurde, als eine Errungenschaft für das Justizwesen angesehen werden. Deshalb ist es wichtig, diese Erfahrung zu strukturieren, um über zukünftige Wege nachzudenken und der Gesellschaft kraftvollere Antworten zu geben.

6.1 Künftige Forschungsrichtungen

Obwohl diese Studie eine Reihe von Einschränkungen aufwies, kann sie als Grundlage für künftige einschlägige Forschungsarbeiten dienen. Eine mögliche Richtung ist die Ausweitung dieser Studie auf andere Gerichte des Landes und sogar auf Einrichtungen der öffentlichen Verwaltung, die strategische Planung anwenden. Darüber hinaus wäre es interessant und bedeutsam, Parallelen zwischen den brasilianischen Gerichten zu ziehen und die Ähnlichkeiten und Besonderheiten der einzelnen Gerichte im Zusammenhang mit der Erreichung von Zielen zu ermitteln und zu untersuchen, wie dies die Umsetzung der strategischen Planung im Justizwesen beeinflusst.

Eine weitere Möglichkeit besteht darin, eine Parallele zur bestehenden Theorie der strategischen Planung für private Einrichtungen zu ziehen, um zu ermitteln, welche Mechanismen und wie sie angepasst werden sollten, wenn diese Planung auf den öffentlichen Bereich übertragen wird.

REFERENZEN

ABRUCIO, F. L. (2005). Staatsreform im brasilianischen Föderalismus: die Situation der öffentlichen Verwaltungen der Bundesstaaten. *Revista de Administração Pública*, 39 (2), 401-420.

ABRUCIO, F. L.; SANO, H. (2008). Versprechen und Ergebnisse des New Public Management in Brasilien: The Case of Social Health Organisations in São Paulo. *Revista de Administração de Empresas*, 48(3), 64-80.

ALLISON, G. (2002). Öffentliches und privates Management: Sind sie sich in allen unwichtigen Aspekten grundsätzlich ähnlich? In: J. M. Shafritz; A. C. Hyde; S. J. Parkes. *Classics of Public Administration*, 5. Auflage.

ANDREWS, K. R. (2001). Das Konzept der Unternehmensstrategie, In: H. Mintzberg; J. B. Quinn. *Der Strategieprozess.* 3ª ed. Porto Alegre: Bookman.

ANSOFF, I. (1969). *Business Strategy.* England: Penguin Books.

APPLEBY, P. (2002). Regierung ist anders. In. J. M. Shafritz; A. C. Hyde; S. J. Parkes. *Classics of Public Administration*, 5. ed.

BARZELAY, M. (2001). Das neue öffentliche Management. Improving Research and Policy Dialogue. *University of California Press/Russell* Sage Foundation.

BAZZAZ, S.; GRINYER, P. (1981). Unternehmensplanung im Vereinigten Königreich: Der Stand der Technik in den 70er Jahren. *Strategic Management Journal*, 2(2).

BELCHIOR, M. (1999). *Die Anwendung der Situativen Strategischen Planung in Kommunalverwaltungen: Möglichkeiten und Grenzen - die Fälle von Santo André und São José dos Campos.* São Paulo: EAESP/FGV, 102 Seiten. (Masterarbeit, vorgelegt im Rahmen des EAESP/FGV-Aufbaustudiengangs, Schwerpunktbereich: Stadtpolitik).

BENNETT, J. W.; PERNSTEINER, T. E.; KOCOUREK, P. F.; HESLUND, S. B. (2001).

Ein neues Modell zur Umsetzung von Strategien. HSM Management.

BORDASCH, R. W. da S. (2009). Kanzleiverwaltung: Kontrolle und Verbesserung für eine angemessene Dauer der Verfahren. *Sammlung Justizverwaltung*, IV. TJRS Graphische Abteilung.

BRAGA, R. T. (2003). *Planejamento Estratégico e o Controle da Gestão Pública: Desenvolvimento da Ação de Controle da Gestão dos Recursos Públicos.* Rio de Janeiro: EBAPE, 125p. (Master's Dissertation in Verwaltung - Brasilianische Schule für öffentliche und wirtschaftliche Verwaltung, Getulio Vargas Stiftung, Rio de Janeiro).

BRASILIEN. *Bundesverfassung.* Brasília: Föderaler Senat, 1988. Verfügbar unter: http://www.planalto.gov.br/ccivil 03/constituicao/constituicao.htm.

. *Gesetz Nr. 11.280 vom 16. Februar 2006.* Ändert die Artikel des Gesetzes Nr. 5869 vom 11. Januar 1973 - Zivilprozessordnung. Bundesgesetzblatt, Brasília, DF, 17. Februar 2006. Verfügbar unter: http://www.planalto.gov.br/ccivil 03/ Ato2004-2006/2006/Lei/L11280.htm.

. *Gesetz Nr. 11.419 vom 19. Dezember 2006.* Es regelt die Informatisierung der Gerichtsverfahren. Bundesgesetzblatt, Brasília, DF, 20. Dezember 2006. Verfügbar unter: http://www.planalto.gov.br/ccivil 03/ato2004-2006/2006/lei/l11419.htm.

BRESSER-PEREIRA, L. C. (2000). Die Verwaltungsreform des Staates von 1995. *Revista de Administração Pública,* 34(4), 55-72.

_____. (1997). Strategie und Struktur für einen neuen Staat. *Zeitschrift für politische Ökonomie,* 17(3).

BUSCAGLIA, E. (1998). Hindernisse für die Justizreform in Lateinamerika. In: E. Jarquín; F. Carrillo (eds.). *Justice Delayed - Judicial Reform in Latin America.* Inter-Amerikanische Entwicklungsbank.

CAMPOS, A. M. (1990). Rechenschaftspflicht: Wann können wir sie ins Portugiesische übersetzen? *Revista de Administração Pública*, 24(2), 30-50.

CAMPOS, C. C. (2010). Leitartikel. In: Die Justiz und effizientes Management. *Cadernos FGV Projetos*, Jahrgang 5, 12, S. 6-7.

CAVALCANTI, B. S. (2005). *Der ausgleichende Manager: Management-Strategien im öffentlichen Sektor*. Rio de Janeiro: Editora FGV.

CERTO, S.; PETER, J. P. (1993). *Strategisches Management: Planung und Umsetzung von Strategien*. São Paulo: Makron Books.

CHAFFEE, E. (1985). Drei Modelle der Strategie. *Academy of Management Review*, 10(1), 89-98.

COSTIN, C. (2010). *Öffentliche Verwaltung*. Rio de Janeiro: Elsevier.

CUNHA, A. (2010). Die Suche nach mehr Managementvitalität in den Organisationen des Justizwesens. In: Das Justizwesen und effizientes Management. *Cadernos FGV Projetos*, Jahrgang 5, 12, S. 45-51.

_____MOTTA, S. (2005). *A reforma do Poder Judiciário no Estado do Rio de Janeiro /Fundação Getulio Vargas* - Rio de Janeiro: Fundação Getulio Vargas.

CUSUMANO, M. A.; MARKIDES, C. C. (Hrsg.) (2002). *Strategisches Denken*. Rio de Janeiro: Campus.

DARÓS, V. (2009). TRF-Strategieplanung für die 4. Region[a] . *Notizbuch der Justizverwaltung: Strategische Planung*. 64p.

DEOLINDO, V. (2010). *Planejamento Estratégico em Comarca do Poder Judiciário*, Rio de Janeiro: FGV Direito, 147p. (Professionelle Master-Dissertation im Bereich der richterlichen Gewalt - FGV, Direito Rio).

DIEFENBACH, T. (2009). New Public Management in Organisationen des öffentlichen Sektors: Die dunklen Seiten der managerialistischen "Aufklärung". *Öffentliche Verwaltung*, 87, 892-909.

DROR, Y. (1999). Die Fähigkeit zu regieren. Bericht an den Club of Rome. *Editions FUNDAP*.

DRUCKER, P. (1984). *Einführung in das Management*. São Paulo: Futura.

EASTLACK JR., J.; McDONALD, P. (1970). Die Rolle des CEO beim Unternehmenswachstum. *Harvard Business Review*, 48(3).

EISENHARDT, K. M. (1989). Theorienbildung durch Fallstudienforschung. *Academy of Management Review*, 14(4), 532-550.

FLEURY, N. (2005). Die Antwort des strategischen Managements auf die Forderungen nach Effektivität, Wirksamkeit und Effizienz im Justizwesen. In: A. Cunha; P. Motta. *A reforma do Poder Judiciário no estado do Rio de Janeiro / Fundação Getulio Vargas* - Rio de Janeiro: Fundação Getulio Vargas, 25-36.

FREDERICKSON, H. G. (1989). Changing Epochs of Public Administration. *Public Administration Review*, 49(2), (Sonderausgabe).

GANGEMI, P. P.; FERNANDES, J. (2010). Die Ergebnisse des CNJ/FGV-Projekts: Anwendung der BSC im brasilianischen Justizwesen. In: Das Justizwesen und effizientes Management. *Cadernos FGV Projetos*, Jahrgang 5, 12, S. 63-71.

GERRING, J. (2004). Was ist eine Fallstudie und wozu ist sie gut? *American Political Science Review*, 98(2), 341-354.

GRANGEIA, M. A. D. (2007). *Organisationsmodellierung, Verwaltungsmanagement und gerichtliche Verfahren eines Standesamtes*. Porto Velho: FGV Direito, 174 S. (Master-Dissertation - Getulio Vargas Foundation School of Law - FGV Direito Rio).

HEROLD, D. (1972). Langfristige Planung und organisatorische Leistung: A Cross-Bewertungsstudie. *Academy of Management Journal*; 15(1).

JOBIM, N. (2004). Antrittsrede im Präsidium des Bundesgerichtshofs. 3. Juni 2004. Verfügbar unter   : http://www.stf.jus.br/portal/cms/verNoticiaDetalhe.asp?idConteudo=100094&sigServic o=noticiaArtigoDiscurso&caixaBusca=N. Abgerufen am: 30. September 2012.

_____. (2005). Justizwesen: Aufbau eines neuen Modells. In: A. Cunha; P. Motta. *A reforma do Poder Judiciário no estado do Rio de Janeiro / Fundação Getulio Vargas* - Rio de Janeiro: Fundação Getulio Vargas, 13-15.

KERN, R. A. (2011). Perspektiven der strategischen Planung in der Justizverwaltung. *Revista de Doutrina da 4ª Região*, Porto Alegre, 41. Verfügbar unter: http://www.revistadoutrina.trf4.jus.br/artigos/edicao041/ricardo kern.html. Accessed on: 30. September 2012.

KOURY, S. C. (2010). Strategische Planung in der Justiz: die Rolle der Justizschulen. In: *Revista do Tribunal Regional do Trabalho da 9a Região*, 35(64). Curitiba: s/ed. Verfügbar unter: http://www.enamat.gov.br/ - Textos Didáticos - Cadernos de Formação Profissional de Magistrados. Abgerufen am 28. September 2012.

LEME, E. (2010). Der Richter als Manager. In: Das Justizwesen und effizientes Management. *Cadernos FGV Projetos*, 20-23.

MACHADO, A. (2005). Die neue Reform des Justizwesens: PEC 45/04. *CEJ Zeitschrift*, Brasília, 28, 64-70.

MADEIRA, J. M. P. (2008). *Öffentliche Verwaltung*. 10ª ed. Campus Jurídico. Rio de Janeiro: Elsevier Editora Ltda.

MANZINI, R. Die Umsetzung der Strategie mit Hilfe der Balanced Scorecard: Lehren aus den Erfahrungen der nationalen Justizbehörde. In: Das Justizwesen und effizientes

Management. *Cadernos FGV Projetos*, 53-62.

MARANHÃO, M; MACIEIRA, M. E. B. (2004). *Unser täglicher Prozess - Work Process Modelling*, Rio de Janeiro: Qualitymark Editora Ltda.

MARCOVITCH, J.; VASCONCELLOS, E. (1977). Strategische Planungstechniken für Forschungs- und Entwicklungsinstitutionen. *Revista de Administração*, 12(1), 61-78.

_____ RADOSEVICH, R. (1978). Strategische Planung in projektstrukturierten Organisationen. *Revista de Administração*, São Paulo, 13(2), 2439.

MARIN, J.-C. (2012). Die Auswirkungen der strategischen Planung und der Balanced-Scorecard-Methodik auf die Leistung der mittleren Führungskräfte im öffentlichen Sektor. *International Journal of Business & Social Science*; 3(1).

MENDES, G. (2010). Interview. In: Die Justiz und effizientes Management. *Cadernos FGV Projetos*, 8-19.

MILLER, D.; FRIESEN, P. (1983). Strategiefindung und Umwelt: Das dritte Glied. *Zeitschrift für strategisches Management*; 4(3).

MILWARD, H. B.; PROVAN, K. G. (2000). Governing the Hollow State. *Zeitschrift für Forschung und Theorie der öffentlichen Verwaltung*, 193-314.

MINTZBERG, H. (1987). Das Strategiekonzept: fünf Ps für Strategie. *California Management Review*, 30(1), 11-24.

_____. (1994a). *The Rise and Fall of Strategic Planning*. Englewood Cliffs, NJ: Prentice-Hall.

_____. (1994b). Der Fall und Aufstieg der strategischen Planung. Boston: *Havard Business Review*, 72(1), 103-108.

_____AHLSTRAND, B.; LAMPEL, J. (2000). *Strategiesafari: ein Wegweiser durch den Dschungel der strategischen Planung.* Trad. Nivaldo Montingelli Jr., Porto Alegre: Bookman.

_____QUINN, J. B. (2001). *Der Strategieprozess.* Trad. James Sunderland Cook, 3ª ed., Porto Alegre: Bookman.

_____LAMPEL, J. (2002). Überlegungen zum Strategieprozess. In: M. A. Cusumano; C. C. Markides. *Strategisches Denken.* Rio de Janeiro: Editora Campus, 41-61.

MOTTA, P. R. (2012). *Planung öffentlicher Organisationen,* Rio de Janeiro: Handout für den akademischen Master-Studiengang in öffentlicher Verwaltung.

Brasilianische Norm ABNT NBR ISO 9001. 2. überarbeitete Auflage, 2008.

OSBORNE, D.; GAEBLER, T. (1996). Die Regierung neu erfinden: Introduction. In: J. M. Shafritz & J. S. Ott. *Classics of Organisation Theory,* Harcourt Brace.

PAULA, M. E. de. (2006). *Das Justizwesen: Krise und Reform.* Porto Alegre: UFRS, 131 S. (Masterarbeit - Aufbaustudiengang für Sonderrechte an der Bundesuniversität von Rio Grande do Sul). Verfügbar unter: http://www.lume.ufrgs.br/bitstream/handle/10183/13181/000598349.pdf. Abgerufen am: 28. September 2012.

PECI, A.; PIERANTI, O. P.; RODRIGUES, S. (2008). Governance und New Public Management: Convergences and Contradictions in the Brazilian Context. *Zeitschrift Organisationen & Gesellschaft,* 15(46), 39-55.

PETERS, B. G.; PIERRE, J. (1998). Regieren ohne Regierung: die öffentliche Verwaltung neu denken. *Zeitschrift für Forschung und Theorie der öffentlichen Verwaltung,* 8, 223-244.

POLLITT, C.; BOUCKAERT, G. (2004). *Reform der öffentlichen Verwaltung*. Oxford University Press, 2. Auflage.

PORTER, M. E. (1986). *Wettbewerbsstrategie: Techniken zur Analyse von Branchen und Wettbewerbern*. Trad. Elizabeth Maria de Pinho Braga, 7ª ed., Rio de Janeiro: Campus.

QUINN, J. B. (2006). Strategien für den Wandel. In: Mintzberg, H.; Lampel, J.; Quinn, J.B.; Ghoshal, S. *The strategy process: concepts, contexts and selected cases*. Porto Alegre: Bookman.

REFORMA Silenciosa da Justiça, A. (2006). *Organisation: Zentrum für Justiz und Gesellschaft der juristischen Fakultät von Rio de Janeiro der Getulio-Vargas-Stiftung*. Rio de Janeiro.

RIO DE JANEIRO. *Gesetz Nr. 2.524 vom 22. Januar 1996*. Gründet den Sonderfonds des Gerichtshofs - FETJ - und legt weitere Bestimmungen fest. Amtsblatt des Staates Rio de Janeiro, Rio de Janeiro, RJ, 22jan .1996. Verfügbar unter: http://alerjln1.alerj.rj.gov.br/contlei.nsf/b24a2da5a077847c032564f4005d4bf2/e4192e6 6fd866b00032564fS006b866f?OpenDocument.

. *Gesetz Nr. 3.217 vom 27. Mai 1999*. Überträgt die in den Artikeln 19 und 20 des Gesetzes 713 vom 26. Dezember 1983 genannten Prozentsätze auf den FETJ. Staatsanzeiger des Bundesstaates Rio de Janeiro, Rio de Janeiro, RJ, 27. Mai 1999. Disponível em: http://alerjln1.alerj.rj.gov.br/contlei.nsf/b24a2da5a077847c032564f4005d4bf2/e4192e6 6fd866b00032564f8006b866f?OpenDocument.

SADEK, M. T. A. (2004a). Das Justizwesen: Aussichten für eine Reform. *Opinião Pública (UNICAMP)*. Campinas-SP, 10(1), 01-62.

_____. (2004b). Das Justizwesen: Veränderungen und Reformen. *Estudos Avançados*. São Paulo-SP, 18(51), 79-101.

SHICK, A. (1996). *Der Geist der Reform: Managing the New Zealand State Sector in a Time of Change.* Wellington, Neuseeland: State Services Commission und das Finanzministerium. Verfügbar unter: www.sse.govt.nz.

SIMONS, R. (1994). *Levels of Control.* Boston: Havard Business School Press.

STUMPF, J. da C. (2009). Das Justizwesen: Langsamkeit und Innovation. Porto Alegre: Gerichtshof des Bundesstaates Rio Grande do Sul, Abteilung Grafik. *Sammlung Justizverwaltung,* 2.

SUANNES, A. (2007). Das Gerichtsverfahren und die Chaostheorie. *Revista da Ajuris,* Porto Alegre, Jahrgang XXXIV, 105, 9-37.

TAYLOR, B. (1975). Strategies for planning. *Long Range Planning,* Elmsford, 27-40.

TEJADA, S. (2007). *Die wirkliche Reform des Justizwesens.* Verfügbar unter: http://www.cnj.jus.br/imprensa/artigos/13315-a-verdadeira-reforma-do-judicio. Abgerufen am: 21. September 2012.

TESHEINER, J. M. R. (2001). Die Reform des Justizwesens. *Juristische Zeitschrift.* Porto Alegre, 286, 45-8.

TOURINHO, L. N. (2011). *Der Beitrag von Informationstechnologie und Innovation zur Produktivität der Arbeit von Richtern und Staatsanwälten: eine Fallstudie am Obersten Gerichtshof.* Rio de Janeiro: EBAPE, 101 S. (Master's Dissertation in Administration - Brazilian School of Public and Business Administration, Getulio Vargas Foundation, Rio de Janeiro).

www.cnj.gov.br

www.tjrj.jus.br

YIN, R. K. (2005). *Fallstudien: Planung und Methoden.* Porto Alegre: Bookman.

ZOUAIN, E. (2010). Die neue Kultur der Ergebnisse im nationalen Justizwesen. In: Das Justizwesen und effizientes Management. *Cadernos FGV Projetos*, 72-78.

8 APPENDIX A - Interview-Skript

1 - Werden die Ziele in der Praxis, in der täglichen Arbeit des Gerichts, erreicht?

2 - Gibt es eine Interaktion zwischen denjenigen, die die Ziele formulieren, und denjenigen, die sie umsetzen?

3 - Wie sind Sie an der Erfüllung der Ziele beteiligt? Was sind Ihre Aufgaben?

4 - Inwieweit sind die Beamten über die gesetzten Ziele informiert? Erhalten sie nur konkrete Aufträge oder haben sie einen Überblick über das gesamte System?

5 - Haben die Zielvorgaben Ihrer Meinung nach Verbesserungen für den Hof gebracht?

Inhaltsübersicht

Milton Keynes UK
Ingram Content Group UK Ltd.
UKHW010850280324
440101UK00001B/156